멈출 수 없는 사명,
전도

멈출 수 없는 사명,
전도

전도하지
않는
교회는
성경적이지
않다!

이현식 지음

교회성장연구소

차
례

1부
전도의 시대는 끝나지 않았다

2부
건강한 교회는 성장한다

베드로는 가장 가까이에서 예수님을 모셨지만 예수님에 관한 기록을 많이 남기지 못했습니다. 반면 예수님을 한 번도 만난 적이 없는 바울은 예수님에 관해 가장 많은 성경을 기록했습니다. 예수님의 수제자였지만 갈릴리 어부 출신인 베드로는 자신의 경험을 체계적으로 기록하거나 신학으로 정립하기에 한계가 있었지만 당대 최고의 교육을 받은 바울은 자신의 경험과 사역을 분석하여 신학적으로 정리할 수 있었던 것입니다.

마찬가지로 이 시대에도 많은 전도자가 있지만 그 경험을 감동적인 글로 남겨 읽는 이에게 전도자로서의 사명을 일깨워 줄 수 있는 책은 많지 않은 것이 안타까운 현실입니다. 그런데 이현식 목사님의 책, 『멈출 수 없는 사명, 전도』는 손에서 떼지 못하고 밤을 새워 읽게 되었습니다. 목사님의 책에는 전도의 경험뿐만 아니라 전도의 신학과 철학도 함께 실려 있었기 때문입니다.

전도란 하나님을 믿지 않는 사람에게 하나님을 직면시키는 일이며, 신학은 교회와 교인들이 행한 일을 해석하는 작업입니다. 이런 면에서 『멈출 수 없는 사명, 전도』는 저자의 전도자로서의 삶이 신학적으로 잘 해석되어 읽는 이에게 전도에 대한 깊은 도전을 주기에 충분한 책이라고 여겨집니다. 즉 저자는 전도에 관한 책을 쓰기 위해 책상 앞에 앉아서 연구한 것이 아니라 실제로 전도하는 삶을 살았다는 뜻입니다.

전도는 그리스도인에게 선택이 아니라 사명입니다마 28:16-21. 전도는 성령 받은 그리스도인의 증거입니다행 1:8. 이 책을 통해 전도를 어떻게 하는 것인지, 전도가 어떻게 사람들을 하나님과의 깊은 만남으로 인도하는지를 느낄 수 있을 것입니다.

박창현 교수
전 한국선교신학회 회장 | 현 건강한목회연구소 소장 |
한국교회협의회 신학위원 | 독일선교신학회 회원

어느 해안가에서 배가 침몰하는 사고가 자주 일어났습니다. 이를 안타깝게 여긴 사람들이 모금을 해서 인명구조소를 세웠고, 많은 이들의 수고와 헌신으로 죽음의 위기에 처한 사람들이 생명을 건질 수 있었습니다.

사람들에게 이 소식이 전해지면서 점점 더 많은 후원금이 들어오기 시작했고, 덕분에 화려한 건물을 세우고 구조대원들을 위한 휴식공간도 만들 수 있었습니다. 그런데 시간이 흐르면서 구조대원들은 인명을 구조하는 일보다 안락한 휴식공간에 모여 교제하는 일이 더 많아졌습니다. 그들이 본분을 잊고 웃고 떠드는 사이 그곳을 지나는 배들은 모두 침몰했고 다시 많은 사람이 생명을 잃게 되었습니다. 몇몇 사람이 이래서는 안 된다고 주장하기도 했지만 아무 소용이 없었습니다. 그래서 뜻있는 사람들이 모여 또 다른 인명구조소를 세웠지만 시간이 흐르면서 이마저도 사람들이 모여 즐기고 교제하는 기관으로 변질되어 버렸습니다.

이 이야기는 죄에 침몰하여 죽어가는 자들을 건져내야 할 교회의 막중한 사명을 잊어버리고 '구원받은 자들만의 리그'를 즐기고 있는 오늘날의 한국 교회에 경종을 울립니다. 저는 위기 가운데 있는 한국 교회가 다시 '구원선'으로서의 본래 사명을 회복하기를 갈망하면서 이 책을 펴냅니다.

이 책을 읽는 모든 이들의 가슴속에 "하나님은 모든 사람이 구원을 받으며 진리를 아는데 이르기를 원하시느니라"딤전 2:4는 '아버지의 마음'이 새겨지기를 소원합니다.

더불어 부족한 저를 항상 행복한 목사로 살아가게 해주는 진관감리교회의 교우들과 복음의 든든한 동역자들, 그리고 나의 한결같은 후원자이자 사랑하는 아내인 신미자와 가족에게 감사의 마음을 전합니다.

진관감리교회 담임목사 **이현식**

1부

전도의 시대는 끝나지 않았다

단순하지만 위대한 명령

전도하면 전도된다.

누가 내 이웃입니까?

전도자가 받을 복

다섯 가지 구원전략

전도로 부흥을 맛보라

새가족 정착률 90%의 비밀

전도하면 전도된다

이스라엘 자손들로 말미암아 여리고는 굳게 닫혔고 출입하는 자가 없더라 여호와께서 여호수아에게 이르시되 보라 내가 여리고와 그 왕과 용사들을 네 손에 넘겨 주었으니 너희 모든 군사는 그 성을 둘러 성 주위를 매일 한 번씩 돌되 엿새 동안을 그리하라 제사장 일곱은 일곱 양각 나팔을 잡고 언약궤 앞에서 나아갈 것이요 일곱째 날에는 그 성을 일곱 번 돌며 그 제사장들은 나팔을 불 것이며 제사장들이 양각 나팔을 길게 불어 그 나팔 소리가 너희에게 들릴 때에는 백성은 다 큰 소리로 외쳐 부를 것이라 그리하면 그 성벽이 무너져 내리리니 백성은 각기 앞으로 올라갈지니라 하시매 눈의 아들 여호수아가 제사장들을 불러 그들에게 이르되 너희는 언약궤를 메고 제사장 일곱은 양각 나팔 일곱을 잡고 여호와의 궤 앞에서 나아가라 하고 또 백성에게 이르되 나아가서 그 성을 돌되 무장한 자들이 여호와의 궤 앞에서 나아갈지니라 하니라 수 6:1-7

이스라엘은 여리고성 전투에서 하나님의 방법과 전략에 철저히 순종함으로 자신들의 힘으로는 감히 엄두도 못 낼 엄청난 승리를 경험할 수 있었습니다. 이 본문은 하나님의 말씀에 대한 철저한 순종만이 하나님의 은혜를 입을 수 있는 길이라는 사실과 하나님을 믿고 의지하는 자에게는 능치 못할 일이 없다는 사실을 잘 보여 줍니다.

전도는 잃어버린 영혼을 구원하는 하나님의 방법과 전략입니다. 또한 복음전파는 모든 그리스도인에게 내려진 하나님의 명령입니다. 그러므로 우리에게 주어진 임무는 복음을 전하라는 하나님의 말씀에 단순히 순종하는 것입니다.

전도에 대한 저의 생각은 이처럼 단순하고 확고합니다. 전도는 성령님이 함께하시기 때문에 결코 어렵거나 불가능한 과제가 아닙니다. 교회가 세상 가운데 흩어져서 계속 복음의 씨앗을 뿌리며 끊임없이 사랑의 거름을 주다보면 틀림없이 하나님이 예비해 놓으신 영혼을 거두게 될 것입니다.

그런데 이 같은 전도의 축복을 맛보기 위해서는 먼저 성도가 가지고 있는 전도에 대한 네 가지 오해를 풀어야 합니다. 대부분의 성도들이 전도에 대한 막연한 오해들로 인해 전도를 어렵게 생각하고, 전도는 자신의 몫이 아니라며 합리화하고 있습니다. 저는 진관감리교회에 부임한 이후 줄곧 성도들이 전도에 대해 가지고 있는 네 가지 오해를 푸는 일에 중점을 두고 사역해왔습니다.

성도들이 전도에 대해 가지고 있는 첫 번째 오해는 '전도는 불신자에게만 유익한 일이다'라는 생각입니다. 저는 이런 생각을 가진 성도를 만나면 이렇게 말합니다. "전도는 물론 불신자에게 유익한 일입니다. 그러나 불신자에게만 좋은 일은 아닙니다. 불신자가 구원을 얻으면 하나님께서 크게 기뻐하시며, 그 영혼을 돌아오게 하는 일에 한 몫을 감당한 우리도 축복하시기 때문입니다. 그러므로 전도는 오히려 전하는 사람에게 더 유익한 일입니다." 이런 말과 함께 하나님께서 전도자에게 약속하신 축복과 성경에서 그러한 축복을 받은 사람의 예, 실제로 주변에서 전도를 함으로 영육간의 복을 받은 사람에 관한 이야기를 들려줍니다. 그러면 성도들이 전도에 대한 자신의 선입견을 깨닫고 생각을 바꾸기 시작합니다. 우리교회는 '전도는 win-win이다'라는 말을 즐겨 씁니다. 모든 성도가 전도는 서로에게 유익한 일임을 알기 때문입니다. 전도하면 불신자도 좋고, 하나님도 좋고, 전도하는 우리 자신에게도 좋은 일입니다.

두 번째 오해는 '전도는 은사를 가진 사람이 해야 한다'는 것입니다. 많은 그리스도인이 다른 사람은 전도를 하면 결실을 많이 거두는데, 자신은 조금의 수확도 거두지 못하는 것 같다는 고민을 한번쯤 해보았을 것입니다. 그런데 이와 같은 고민을 하던 그리스도인이 에베소서 4장에 기록된 은사의 목록 중 전도의 은사에 관해 읽고 나면 그 고민을 접는 경향이 있습니다. 즉 '전도의 은사'라는 것이 있다는 것을 깨닫는 순간, 전도의 의무에서 해방되어 자신은 이제 전도하지 않아도 된다는 자유를 만끽하는 것입니다. 다시 말해 전도는 은사를 가진 사람만 열심히 하면 되고, 나는 그저 내게 주어진 은사로 최선을 다해 봉사만 하면 된다는 생각이 자리 잡는 순간, 전도에 대한 동기와 죄책감은 사라지고 전도에 대해 마음을 열지 않게 됩니다.

그래서 저는 성경을 근거로 성도들이 가지고 있는 전도에 관한 오해를 풀기 시작했습니다. 전도란 하나님이 교회를 위해 주신 은사 중하나임에 틀림없고 하나님의 사역은 할 수만 있다면 은사에 따라 하는 것이 효율적이지만, 전도만큼은 은사의 차원을 뛰어 넘어 구원받은 성도라면 누구나 해야 할 의무이자 책임입니다. 왜냐하면 주님은 모든 그리스도인에게 지상至上명령을 내리셨기 때문입니다. 전도는 주님의 명령일 뿐만 아니라 하나님 아버지의 간절한 소원딤전 2:4입니다. 그러므로 우리가 성령을 의지하여 담대하게 전도하기 시작하면 많은 사람이 구원에 이르는 역사가 반드시 나타나게 되어 있습니다.

> 하나님은 모든 사람이 구원을 받으며 진리를 아는 데에 이르기를 원하시느니라 딤전 2:4

세 번째 오해는 '전도는 결과가 중요하다'는 것입니다. 많은 사람이 전도를 중단하는 이유는 열매결과가 없기 때문입니다. 물론 열매가 중요합니다. 그러나 우리가 바로 알아야 할 것은 전도의 열매는 하나님의 소관이기에, 오직 과정에 최선을 다 하는 것만이 우리가 해야 할 일이라는 것입니다. 왜냐하면 과정이 없는 결과란 있을 수 없고, 또한 열매는 하나님의 때카이로스가 찰 때에야 비로소 거둘 수 있는 것이므로 우리는 다만 과정에 충실해야 하는 것입니다고전 3:7-8.

> 그런즉 심는 이나 물 주는 이는 아무 것도 아니로되 오직 자라게 하시는 이는 하나님뿐이니라 심는 이와 물 주는 이는 한가지이나 각각 자

기가 일한 대로 자기의 상을 받으리라 고전 3:7-8

네 번째 오해는 '전도는 너무 어렵다'는 것입니다. 저도 1994년 3월부터 본격적으로 현장에 나가 전도를 해왔지만 사실 전도는 쉬운 게 아닙니다. 그러나 한 가지 전도 방법만 확실히 깨닫게 되면 그때부터 전도가 즐거워집니다. 그것은 바로 '성령님과 함께 하는 전도' 입니다.

성령의 역사는 무궁무진하지만, 전도와 관련해서 성령은 세 가지로 역사하십니다. 첫 번째로 성령님은 굳게 닫힌 마음의 문을 열어 주십니다. 두 번째로 성령님은 믿음을 주심으로 구원의 문을 열어 주십니다. 마지막으로 성령님은 전도자에게 권능을 주십니다행 1:8. 이러한 성령님의 힘으로 전도한다면 우리는 지금의 백배 아니 그 이상의 일을 감당하는 전도자가 될 수 있습니다.

오직 성령이 너희에게 임하시면 너희가 권능을 받고 예루살렘과 온 유대와 사마리아와 땅 끝까지 이르러 내 증인이 되리라 하시니라 행 1:8

특히 성령님은 전도자의 언어, 즉 입을 지켜 주십니다마 10:19-20.

너희를 넘겨 줄 때에 어떻게 또는 무엇을 말할까 염려하지 말라 그 때에 너희에게 할 말을 주시리니 말하는 이는 너희가 아니라 너희 속에서 말씀하시는 이 곧 너희 아버지의 성령이시니라 마 10:19-20

성령님은 우리가 전도 현장에서 사람들을 만날 때 할 말을 생각나게 하셔서 가장 적절하고 능력 있는 말씀으로 복음을 전하게 하십니다.

앞서 말씀 드린 것을 정리하자면 전도를 잘 하기 위해서는 우리의 머리와 마음 깊은 곳에 박힌 전도에 대한 편견과 오해를 푸는 것이 가장 중요합니다. 또한 복음 전파에 대한 사명은 은사를 가진 몇몇 사람에게만 주어진 것이 아니라, 모든 성도에게 주어진 사명임을 명심하고 기회가 있을 때마다 아니 기회를 만들어서 성실하게 복음을 전해야 합니다. 이렇게 복음을 전할 때 잃어버린 영혼을 바른 길로 인도하는 그리스도인에게 예비하신 하나님의 크나큰 축복을 누리며 살아갈 수 있습니다.

"다함께 외쳐 봅시다! 전도하면 전도된다!"

전도 바로 알기　강의 1

묵상말씀 인자가 온 것은 잃어버린 자를 찾아 구원하려 함이니라 _ 눅 19:10

4가지 오해풀기

1. 첫 번째 오해

- 전도하면 _____만 좋다. 그러나 전도는 win-win이다.
- 전도하면 _____도 좋고 _____는 더 좋다.

2. 두 번째 오해

- 전도는 _____가 있는 사람만 하는 것이다.
  그러나 _____이다.
- 전도는 성도의 마땅한 _____요, _____이다!
- 전도는 _____ 이 아니라 _____이다.

  딤후 4:2

  마 28:18-19

  눅 19:10

3. 세 번째 오해

- 전도는 _____가 중요하다. 그러나 _____
- 전도를 위한 역할 분담 : 고전 3:7-9
- 전도에는 _____ 없다.
- 지금도 전도가 되고 있다.

4. 네 번째 오해

- 전도는 너무 _____.

- 한국교회의 현실

  30%가 봉사 경험이 없다.

  35%가 정기적으로 십일조를 하지 않는다.

  45%가 규칙적으로 기도하지 않는다.

  90%가 1년에 한 명도 전도하지 않는다.

  85%가 마음은 있지만 어려워서 못 하겠다.

나 눔

① 1장의 글과 강의를 읽으면서 전도에 대한 생각이나 관점이 바뀐 점이 있다면 나누어 봅시다.

② 배우고 느낀 점을 어떻게 실제 전도에 적용할 것인지 나누어 봅시다.

③ 지금 복음을 들어야 할 사람이 떠오른다면 그 사람을 위해서 기도합시다.

전도하지 않은 죄

어느 날, 술에 취한 한 청년이 비틀거리며 지하철에 올라탔습니다. 여기 저기 두리번거리던 청년은 젊은 여자가 앉아있는 자리로 가더니 그녀를 희롱하기 시작했습니다. 주위의 승객들이 눈살을 찌푸리며 쳐다보자 청년은 오히려 승객들을 향해 "뭘 봐!"라고 큰 소리를 치며 사람들을 노려봤습니다. 그의 행동에 겁을 먹은 승객들은 모두 시선을 피하며 희롱 당하는 여자를 외면해 버렸습니다.

18세기 영국의 작가, 올리버 골드 스미스는 "침묵은 동의를 뜻한다."라고 말했습니다. 마틴 루터 킹 목사도 이와 비슷한 말을 한 적이 있습니다. "악에 대해서 항의하지 않고, 묵묵히 바라보기만 하는 사람은 그 악에 협조하는 것이다." 또한 미국의 케네디 대통령은 이

같은 '선량한 방관자'를 향해 "지옥에서 가장 뜨거운 곳은, 도덕적인 위기를 맞이했을 때 중립을 지킨 사람들이 가게 될 것이다."라는 말로 일침을 가했습니다. 구약성경 에스겔서에도 이런 말씀이 기록되어 있습니다.

가령 내가 악인에게 말하기를 너는 꼭 죽으리라 할 때에 네가 깨우치지 아니하거나 말로 악인에게 일러서 그의 악한 길을 떠나 생명을 구원하게 하지 아니하면 그 악인은 그의 죄악 중에서 죽으려니와 내가 그의 피 값을 네 손에서 찾을 것이고 네가 악인을 깨우치되 그가 그의 악한 마음과 악한 행위에서 돌이키지 아니하면 그는 그의 죄악 중에서 죽으려니와 너는 네 생명을 보존하리라 또 의인이 그의 공의에서 돌이켜 악을 행할 때에는 이미 행한 그의 공의는 기억할 바 아니라 내가 그 앞에 거치는 것을 두면 그가 죽을지니 이는 네가 그를 깨우치지 않음이니라 그는 그의 죄 중에서 죽으려니와 그의 피 값은 내가 네 손에서 찾으리라 겔 3:18-20

예수님을 믿지 않은 한 영혼이 있습니다. 전하는 사람이 없어 복음을 듣지 못했기 때문에 그는 지옥에 갈 수밖에 없습니다. 이에 대해 본문에서 하나님은 그 사람은 예수님을 안 믿었기 때문에 당연히 지옥에 가겠지만 그 사람의 피 값은 그에게 복음을 전하지 않은 주변 사람들에게서 찾겠다고 말씀하십니다.

영국의 유명한 신학자인 존 스토트 목사는 『전도하지 않은 죄』Our guilty silence라는 제목의 책을 썼는데 이 제목을 직역하면 '죄스러운 침묵'이라는 뜻입니다. 왜 침묵하는 것이 죄입니까? 왜 말하지 않는 것도 죄가 됩니까?

예수께서 이르시되 내가 곧 길이요 진리요 생명이니 나로 말미암지 않고는 아버지께로 올 자가 없느니라 요 14:6

다른 이로써는 구원을 받을 수 없나니 천하사람 중에 구원을 받을 만한 다른 이름을 우리에게 주신 일이 없음이라 하였더라 행 4:12

위의 두 말씀은 우리가 너무나 잘 알고 있는 말씀입니다. 즉 세상의 권세와 지식과 물질을 아무리 많이 가지고 있어도 예수님을 믿지 않으면 누구나 지옥에 갈 수밖에 없습니다. 그런데 이 같은 사실을 알고도 복음을 전하지 않는다면 그것이 바로 '죄'인 것입니다.

우리는 일반적으로 '하지 말아야 할 것을 하는 것'이 죄라고 생각하지만, 성경은 '해야 할 것을 하지 않는 것'이 이보다 더 큰 죄라고 말합니다. 그리스도인이 해야 할 두 가지 중요한 일이 있는데 그 중 하나는 어렵고 힘든 사람을 돌보는 것이며, 다른 하나는 직접적인 복음 증거로 영혼을 구원하는 것입니다. 그리스도인에게 이보다 중요한 일은 없습니다. 복음을 듣지 못해 죽어가는 사람을 죽음에서 건지는 일보다 시급하고 중요한 일이 있겠습니까?

한 교회에서 20킬로의 쌀 포대 200개를 현관에 쌓아놓고 예배시간에 이렇게 광고를 했습니다.

"오늘 예배를 마치고 돌아가실 때 여러분 주변의 사람에게 쌀을 한 포대씩 나눠 주십시오."

그랬더니 남녀노소 불문하고 온 교인이 달려들어 쌀 포대를 들고 갔습니다. 어떤 사람은 양쪽 어깨에 하나씩 메고 가고, 어떤 사람은 두 포대를 한꺼번에 머리에 이고 가고, 심지어 한 집사님은 집에 쌀 포대를 가져다 놓고 다시 와서 또 가져가기도 했습니다. 그렇게 불과 20분 만에 200개의 쌀 포대가 모두 동이 났습니다. 그런데 그 다음 주에 목사님은 이런 광고를 했습니다. "여러분, 오늘 집으로 돌아가시기 전에 현관에 있는 전도지를 몇 장씩 가져다가 이웃에게 나누어 주시기 바랍니다."

그러나 그날 자발적으로 전도지를 가져가는 사람은 별로 없었습니다. 이것이 한국 교회의 현실입니다. 이웃의 구제를 위해서는 20킬로의 쌀 포대를 기꺼이 이고 가면서 이웃의 구원을 위해서 200그램의 전도지를 나누어 주는 일은 부담스럽고 귀찮아합니다.

성문 어귀에 나병환자 네 사람이 있더니 그 친구에게 서로 말하되 우리가 어찌하여 여기 앉아서 죽기를 기다리랴 만일 우리가 성읍으로 가자고 말한다면 성읍에는 굶주림이 있으니 우리가 거기서 죽을 것이요 만일 우리가 여기서 머무르면 역시 우리가 죽을 것이라 그런즉 우리가 가서 아람 군대에게 항복하자 그들이 우리를 살려 두면 살 것이요 우리를 죽이면 죽을 것이라 하고 아람 진으로 가려 하여 해 질 무렵에 일어나 아람 진영 끝에 이르러서 본즉 그 곳에 한 사람도 없으니 이는 주께서 아람 군대로 병거 소리와 말소리와 큰 군대의 소리를 듣게 하셨으므로 아람 사람이 서로 말하기를 이스라엘 왕이 우리를 치려하여 헷 사람의 왕들과 애굽 왕들에게 값을 주고 그들을 우리에게 오게 하였다 하고 해질 무렵에 일어나서 도망하되 그 장막과 말과 나귀를 버리고 진영을 그대로 두고 목숨을 위하여 도망하였음이라 그 나병환

자들이 진영 끝에 이르자 한 장막에 들어가서 먹고 마시고 거기서 은

과 금과 의복을 가지고 가서 감추고 다시 와서 다른 장막에 들어가 거

기서도 가지고 가서 감추니라 나병환자들이 그 친구에게 서로 말하되

우리가 이렇게 해서는 아니되겠도다 오늘은 아름다운 소식이 있는 날

이거늘 우리가 침묵하고 있도다 만일 밝은 아침까지 기다리면 벌이

우리에게 미칠지니 이제 떠나 왕궁에 가서 알리자 하고… 왕하 7:3-9

본문을 보면 사마리아 지방에 흉년이 들어 많은 사람이 고통을

당하는 장면이 나옵니다. 먹지도 마시지도 못해 괴로움을 겪던 어

느 날, 아람의 벤하닷 왕이 군대를 이끌고 와서 성을 포위합니다.

그러자 외부로부터 간간이 들어오던 양식마저 끊어지게 되었고,

성안에 있는 사람들은 먹고 살 길이 막막해졌습니다. 열왕기하 6장

에 보면 사람들이 자신의 어린 자녀를 잡아먹는 끔찍한 장면까지

나옵니다. 이때 성문 어귀에 문둥병으로 인해 성에서 쫓겨난 네 사

람이 살고 있었습니다. 이들은 쫓겨난 성과 그 성을 포위하고 있던

아람군대 사이에 거하다가 이렇게 의논을 했습니다.

"우리가 성안에 들어가도 먹을 것이 없고, 여기 있어도 죽을 테

니 차라리 아람 군대에게로 가자. 여기서 죽으나 거기서 아람 군대

의 칼에 맞아 죽으나 마찬가지이니 한번 가 보자."

그래서 그들은 비장한 각오로 아람 군대의 진영으로 갔습니다. 그런데 그곳에 가보니 아람 군대는 하나도 없고 그들이 남겨놓은 음식과 금은보화가 널려 있었습니다. 네 명의 문둥병자는 아람 군대가 남긴 음식을 마음껏 먹고 보화를 줍다가 문득 이런 생각이 들었습니다. '저 사마리아 성에는 오늘 밤에도 먹을 것이 없어 굶어 죽어 가는 사람이 많을 텐데… 우리가 이 소식을 알리지 않으면 큰 죄가 될 것이다' 그래서 그들은 지체 없이 성으로 달려가 이 기쁜 소식을 전했습니다. 이처럼 우리는 본문에 나오는 문둥병자의 모습을 통해 영원한 죽음을 향해 가는 세상을 위해 우리가 해야 할 일이 무엇인지를 진지하게 돌아보아야 합니다.

한국도 불과 130여 년 전에는 미전도 종족이었습니다. 복음을 들어보지도 못하고 죄로 인해 죽어가던 이 민족에게 복음을 들고 찾아와 준 선교사가 있었기에 지금 우리가 구원을 받게 된 것입니다. 그리고 우리나라는 현재 세계에서 두 번째로 선교사를 많이 파송하는 나라가 되었습니다. 그러므로 우리는 복음에 빚진 자로서의 사명의식을 가지고 복음을 전해야 합니다.

1959년에 제작된, 2차 세계 대전을 배경으로 한 이탈리아 영화

'로베레의 장군'에 나오는 장면으로 독일 나치즘Nazism에 저항한 운동가를 잡는 사람과 저항 운동을 하지 않았는데도 불구하고 억울하게 잡혀온 사람이 처형 직전에 나누는 대화 중에 이런 내용이 있습니다.

"난 잘못 잡혀 왔소. 난 저항 운동을 한 적이 없소. 그저 소읍의 변두리에서 장사를 하며 처자식과 근근이 살아왔을 뿐이오. 그런데 아무것도 하지 않은 내가 왜 저들과 함께 처형을 당해야 한단 말이오. 난 억울하오. 난 아무것도 하지 않았소."

그러자 저항 운동가를 잡아온 사람이 말했습니다.

"5년간 지속된 전쟁으로 수백만 명의 사람이 무참히 죽었으며 수많은 건물과 도시가 파괴되었소. 조국과 민족이 이렇게 멸망의 위기에 놓여 있는데 당신은 왜 아무것도 하지 않았소? 아무것도 하지 않은 것, 그것이야말로 당신이 죽어 마땅한 죄요!"

이처럼 마땅히 해야 할 일을 하지 않은 것은 '죽어 마땅한 죄'라고 표현될 만큼 심각한 죄입니다. 복음 증거는 다음을 기약할 수 없습니다. 오늘 당장 그 영혼에게 무슨 일이 일어날 지 아무도 모르기 때문입니다. 그러므로 미루지 말고 구원받아야 할 영혼에게 지금 바로 찾아가 생명의 복음을 전해야 합니다.

"다함께 외쳐 봅시다! 전도하면 전도된다!"

전도 바로 알기 _강의 2_

묵상말씀 또 이르시되 너희는 온 천하에 다니며 만민에게 복음을 전파하라_막 16:15

복음에 대한 바른 이해

- 복음은 소유용이 아니라 _____용이다.
- 복음은 개인용이 아니라 _____용이다.

1. 처음 인간

창 1:28

창 9:1

창 11:4

창 11:9

2. 아브라함

- 실패한 _____ : _____ . _____

창 12:1–3

3. 현재의 우리

벧전 2:9

마 28:19–20

4. 아버지의 마음에 정직하게 반응한 사람들(고전 9:16)

- 토마스 선교사

- 켄드릭 선교사

- 존 스토트 (our guilty silence)

- 로베레 장군

나 눔

① 2장의 글과 강의를 읽으면서 전도에 대한 생각이나 관점이 바뀐 점이 있다면 나누어 봅시다.

② 배우고 느낀 점을 어떻게 실제 전도에 적용할 것인지 나누어 봅시다.

③ 지금 복음을 들어야 할 사람이 떠오른다면 그 사람을 위해서 기도합시다.

이런 그리스도인이 전도한다

삶 속에서 복음을 증거하는 그리스도인들을 살펴보면 공통점이 있다는 것을 알게 됩니다. 따라서 진정 복음을 전하는 그리스도인으로 살고 싶다면 우리의 삶에도 이런 특성이 나타나야 할 것입니다.

첫째, 하나님을 떠난 인간의 실상에 대해서 정확하게 알아야 합니다.

모든 사람이 죄를 범하였으매 하나님의 영광에 이르지 못하더니

로마서 3:23

죄의 삯은 사망이요 하나님의 은사는 그리스도 예수 우리 주 안에 있

는 영생이니라 로마서 6:23

하나님 없이 살아가는 인생을 향해 성경은 '죽음'을 선고하고 있습니다. 히브리서 9장 27절을 보면 "한번 죽는 것은 사람에게 정해진 것이요 그 후에는 심판이 있으리니"라고 말하고 있습니다. 즉 아무도 죽음을 피해갈 수 없으며 죽음 이후에는 반드시 심판이 있다는 것입니다. 그리고 요한계시록 21장을 보면 심판의 결과로 영원한 형벌인 지옥이 예비 되어 있다고 말합니다. 이것은 하나님을 떠나 사는 인간에게 정해진 길입니다.

아무리 선행이나 금욕을 한다해도 하나님을 떠나 살면 이래도 죽고, 저래도 죽는 것이 인간에게 정해진 운명입니다. 그리고 이것이 바로 인생의 실상입니다. 오늘 우리가 하나님 앞에서 참된 복음 증거자로 살기 위해서는 이 같은 인간의 운명을 직시하여 불신자에게 정확한 사실을 알려 주어야 합니다.

저는 얼마 전 벽제 화장장火葬場을 다녀왔습니다. 그날 한 어머니의 기도 소리가 저에게 잔잔한 감동으로 다가왔습니다. 사연은 잘 모르겠지만, 그 어머니는 아들의 화장이 끝나기를 기다리면서 남은 아들과 며느리를 앉혀 놓고 이렇게 말했습니다.

"아들이 너무 일찍 세상을 떠나 몹시 마음이 아프지만, 예수님을 믿고 천국에 갔으니 얼마나 감사한지 모른단다. 너희도 훗날 천국에 가서 동생을 만날 텐데, 그때까지 최선을 다해 예수님을 믿어야 한다."

간곡히 권면하며 흘리는 어머니의 눈물은 원망도 신세 한탄도 아닌 감사의 눈물이었습니다.

모든 인간은 죽음을 피할 수 없고, 죽음 이후에는 천국과 지옥의 심판이 기다리고 있습니다. 우리는 예수님을 영접한 사람에게는 영생한 천국이 주어지지만, 불신자에게는 무조건 지옥이 정해져 있다는 사실을 알고 있습니다. 우리가 정말 이 사실을 현실적으로 믿고 있다면, 죽음을 향해 가는 불신자에게 영생으로 가는 오직 한 길, 예수님을 전해야만 합니다.

둘째, 구원자가 되시는 예수 그리스도에 대해 말할 수 있어야 합니다.

열왕기하 7장에 나오는 나병환자들은 아람 군대의 진영에서 가득 쌓인 식량과 금은보화를 발견했습니다. 음식을 실컷 먹은 이들이 자신의 배고픔의 문제와 죽음의 문제를 해결한 후 제일 먼저 한 일은 아직도 이 기쁜 소식을 모르는 사람들에게로 가서 이 소식을 알리는 것이었습니다.

여기서 우리가 주목해야 할 사실은 영혼을 구원하는 전도란 마음을 지나 입으로 나올 때만 그 효력이 나타난다는 것입니다. 요한복음 1장 35절 이하를 보면, 네 사람이 전도를 받는 이야기가 나오는데 그 과정은 이렇습니다. 먼저 안드레는 세례요한이 전한 복음을 듣고 예수님께로 왔습니다. "보라 세상 죄를 지고 가는 하나님의 어린 양이로다." 또한 베드로는 안드레가 전한 복음을 듣고 예수님께로 나아옵니다. 한편, 빌립은 예수님께로부터 직접 전도를 받았고, 나다나엘은 빌립의 전도로 예수님을 만나게 됩니다. 이 모든 전도는 입을 열어 마음속에 있는 복음을 전할 때 시작되었습니다. 우리가 입을 열어 복음을 전할 때, 비로소 불신자에게 예수님의 생명의 역사가 나타나는 것입니다.

그런즉 그들이 믿지 아니하는 이를 어찌 부르리요 듣지도 못한 이를 어찌 믿으리요 전파하는 자가 없이 어찌 들으리요 보내심을 받지 아니하였으면 어찌 전파하리요 기록된 바 아름답도다 좋은 소식을 전하는 자들의 발이여 함과 같으니라 로마서 10:14-15

요한복음 4장에 나오는 사마리아 여인의 전도 방법도 동네에서 자신이 만난 예수님을 자랑하는 것이었습니다. 수가 성의 복음 전파는 이렇게 사마리아 여인의 입에서부터 시작되었습니다. 이렇듯 전도를 잘하는 사람의 전도 방법은 너무나 단순합니다. "예수님을 믿으면 너무 좋다", "교회를 나갔더니 마음이 편안하더라", "예수님을 영접했더니 걱정 근심이 없어졌다"고 입을 열어 말하는 것입니다. 우리의 임무는 단지 입을 열어 말하는 것이며, 그 결과는 전적으로 주님이 책임져 주십니다.

셋째, 우리는 이웃을 향해 열려 있는 사람이 되어야 합니다.

열왕기하 7장 9절을 보면 "나병환자들이 그 친구에게 서로 말하되 우리가 이렇게 해서는 아니되겠도다 오늘은 아름다운 소식이 있는 날이거늘 우리가 침묵하고 있도다 만일 밝은 아침까지 기다리면 벌이 우리에게 미칠지니 이제 떠나 왕궁에 가서 알리자 하고"라고 말하고 있습니다. 문둥병자들이 아람 진영 안에 들어가서 보니 모든 것이 너무나 풍족해서 마음껏 먹고 마시며 즐길 수 있었습니다. 그러다가 문득 죽어 가는 이웃이 생각 났습니다. '성 안에서 이 기쁜 소식을 듣지 못해 죽어가는 수많은 사람들을 위해 우리가 무엇을 할 수 있을까?'라는 생각이 들었습니다. 생명 구원의 역사는 바로 이런 생각에서 비롯됩니다. 간혹 성도들을 바라볼 때 안타까운 점은 일평생 자신의 한계를 벗어나지 못하는 그리스도인이 너무나 많다는 사실입니다. 다시 말해 많은 그리스도인이 '자신을 위해서' 살다가 '자신을 위해서' 죽습니다. 평생 자기 자신이라는 테두리에서 벗어나지 못하는 것입니다. 가만히 들여다보면 남을 위한 일도 결국 자기 자신을 위해서 하며, 입으로는 '하나님의 영광을 위해서'라고 말하지만 결국은 자신이 복 받고 잘 되는 것이 최종 목적인 경우가 많습니다.

한 목사님이 늘 자신의 '배우자를 위한 기도'만 하는 자매에게 기도의 영역을 넓혀서 다른 사람을 위해서도 기도하라고 권면하자 그 다음부터는 "하나님, 우리 어머니를 위해 기도합니다. 어머니에게 좋은 사위를 허락해 주옵소서."라고 기도했다는 우스갯소리가 있습니다.

우리가 하나님이 허락하신 풍요로움과 기쁨을 누리는 자가 되었다면, 이제는 우리의 관심이 예수님의 생명과 축복을 누리지 못하고 있는 사람에게로 옮겨가야 할 것입니다.

전도 바로 알기 강의 3

묵상말씀 너희 지체를 의의 무기로 하나님께 드리라_롬 6:13

무장한 그리스도인

- 행복한 그리스도인 = 무장한 전도자
- 기독교는 행복입니다. – 존 웨슬리
- 벧전 5:8
- 롬 6:13

1. 눈
① 허상 → _____ 왕하 5:1
② 현상 → _____ 민 13:33, 민 14:9
③ 절망 → _____ 창 1:5

2. 귀
① 음부에서 들려오는 _____의 소리 눅 16:24
② 하나님의 말씀의 소리 살전 2:13
③ 주님의 _____의 소리 막 16:15

3. 입
① _____의 입술
② _____의 입술
③ _____의 입술

4. 가슴
① _____에게나 필요하다.
② 전하는 만큼 내게 _____하다.

5. 태도: 6(無)무로 전도하라
① 무 _____
② 무 _____
③ 무 _____
④ 무 _____
⑤ 무 _____ 당해도
⑥ 무 _____

6. 머리: 논리
① 경제논리 → _____

눅 15장에 나오는 세 가지 비유

- 잃은 동전
- 잃은 양
- 잃은 아들

나 눔

❶ 3장의 글과 강의를 읽으면서 전도에 대한 생각이나 관점이 바뀐 점이 있다면 나누어 봅시다.

❷ 배우고 느낀 점을 어떻게 실제 전도에 적용할 것인지 나누어 봅시다.

❸ 지금 복음을 들어야 할 사람이 떠오른다면 그 사람을 위해서 기도합시다.

누가 내 이웃입니까?

구약성경을 대표하는 율법의 핵심은 출애굽기 20장에 나오는 십계명입니다. 그런데 예수님은 십계명을 두 가지 계명으로 압축하셨습니다. 즉 1계명부터 4계명까지는 "주 너의 하나님을 사랑하라"는 '하나님 사랑'으로 요약하셨고, 5계명부터 10계명까지는 "네 이웃을 네 자신같이 사랑하라"는 '이웃 사랑'으로 요약하셨습니다. 하나님을 사랑하는 것이 수직적인 관계의 사랑이라면 이웃 사랑은 수평적인 관계의 사랑입니다.

한 율법사가 예수님에게 영생을 얻는 길에 대해서 질문을 했습니다. 그러자 예수님은 질문을 통해 그 율법사가 스스로 대답하도록 유도하셨습니다. 율법사는 결국 "네 마음을 다하며 목숨을 다하며 힘을 다하며 뜻을 다하여 주 너의 하나님을 사랑하고 또한 네 이웃을 네 자신 같이 사랑하라 하였나이다."^{누가복음 10:27}라고 대답했습니다. 이때 예수님이 다시 말씀하셨습니다.

네 대답이 옳도다 이를 행하라 그러면 살리라 하시니 누가복음 10:28

그러자 율법사가 다시 질문을 던집니다.

그 사람이 자기를 옳게 보이려고 예수께 여짜오되 그러면 내 이웃이 누구니이까 누가복음 10:29

이에 예수님은 친절하게 예화를 통해 우리가 사랑해야 할 이웃이 누구인지 설명해 주셨습니다. 누가복음 10장 30절에서 37절에 나오는 '선한 사마리아인의 이야기'는 교회 학교에서도 자주 다루는 이야기입니다.

예루살렘은 해발 700미터의 높은 지대에 위치한 도시이고, 여리고는 해저 400미터쯤에 위치한 저지대의 마을입니다. 이 둘 사이의 거리는 약 27km, 즉 80리 정도 된다고 볼 수 있습니다. 거리는 그렇게 멀지 않았지만 고도의 차이 때문에 내려가는 길은 급경사의 험한 길이었습니다. 그래서 강도가 이 길에서 매복하고 있다가 지나가는 사람을 습격하는 일이 자주 벌어지곤 했습니다. 그렇기 때문에 사람들은 혼자서는 이 길로 다니지 않았고 가능한 한 여럿이 함께 그 길을 지나다니곤 했습니다. 그러던 어느 날, 한 유대인이 급하게 홀로 예루살렘에서 여리고로 내려가게 되었고, 그만 길에서 강도를 만나고 말았습니다. 이스라엘에서는 겉옷이 낮에는 더위에서 보호해 주고 밤에는 이불의 기능을 하는 매우 중요한 재산이었는데, 이 유대인은 그 겉옷마저도 빼앗긴 채 죽을 정도로 매를 맞고 쓰러져 있었습니다. 처참하게 쓰러진 그는 몇 시간 내에 누군가가 돌봐 주지 않으면 죽을 수도 있는 상태였습니다. 그런데 얼마 지나지 않아 그 길에 한 제사장이 등장했습니다. 신음 소리에 놀라 주위를 둘러보니 피투성이가 된 채 누워 있는 유대인이 있었습니다. 아무도 없는 산길에서 쓰러져 죽어가는 사람을 본 제사장은 겁도 나고 무서워서 얼른 그 자리를 피해 지나가 버렸습니다.

마침 한 제사장이 그 길로 내려가다가 그를 보고 피하여 지나가고

누가복음 10:31

제사장이 급하게 도망치고 난 후에 한 레위 사람이 그 곳을 지나가게 되었습니다. 그러나 안타깝게도 레위 사람 역시 제사장과 같이 그 자리를 피해 도망갔습니다. 죽음을 넘나드는 절망스런 신음소리는 계속되었고, 얼마 뒤 다른 사람이 그곳을 지나가게 되었습니다. 그는 바로 사마리아 사람이었습니다. 그런데 강도 만난 사람을 본 사마리아 사람은 길 위에 쓰러져 있는 유대인을 보고 불쌍히 여겼습니다.

어떤 사마리아 사람은 여행하는 중 거기 이르러 그를 보고 불쌍히
여겨 누가복음 10:33

죽어가는 사람을 보고 불쌍히 여기는 마음을 가지는 것이 인지상정인데 유일하게 사마리아 사람만이 죽어가는 유대인을 보고 불쌍히 여겼다는 것은 참으로 놀라운 일이 아닐 수 없습니다. 당시 사마리아인과 유대인은 사이가 좋지 않았습니다. B.C. 721년경 북왕국 이스라엘의 수도인 사마리아가 앗수르에게 멸망당하면서 앗수르 제국의 혼합정책에 따라 이방인과 피가 섞인 사마리아 사람을 선민의식을 지닌 유대인은 상종조차 하지 않았습니다. 심지어

유대인은 길에서 사마리아 사람을 만나면 하루 종일 재수가 없다고 생각했기 때문에 지름길이라도 사마리아 지역을 통과하지 않고 돌아가곤 했습니다. 마찬가지로 유대인으로부터 사람 취급을 받지 못하던 사마리아 사람들 역시 유대인에 대해 적대감을 갖고 있었습니다. 그런데 사마리아 사람은 피를 흘리며 죽어가는 유대인을 발견했을 때 불쌍한 생각이 먼저 들었습니다. 비록 유대인이었지만 그는 신음하며 죽어가는 사람을 그냥 내버려 두고 갈 수 없었습니다. 그래서 나귀에서 내려 응급조치를 한 다음 유대인을 나귀에 태워서 가까운 여관으로 데려가 밤새도록 정성껏 간호했습니다. 그리고 다음 날 아침 길을 떠나기 전 여관 주인에게, 오늘날로 환산하면 20만 원 정도 되는 돈을 주면서 강도 만난 사람의 치료를 부탁하고 만일 비용이 더 들면 돌아오는 길에 들러서 갚겠다고 말했습니다.

이 이야기를 마친 예수님께서 율법사에게 이렇게 물으셨습니다.

네 생각에는 이 세 사람 중에 누가 강도 만난 자의 이웃이 되겠느냐

누가복음 10:36

그러자 율법사가 대답했습니다.

이르되 자비를 베푼 자니이다 누가복음 10:37상

주님이 그에게 말씀하셨습니다.

예수께서 이르시되 가서 너도 이와 같이 하라 하시니라 누가복음 10:37하

이 예화가 우리에게 주는 교훈이 몇 가지 있습니다.

첫째, 우리는 '나를 도와줄 이웃이 누구인가' 보다 '내가 도와주어야 할 이웃은 누구인가'를 스스로에게 물어보아야 합니다. 즉 그리스도인이라면 나를 도와줄 이웃을 찾는 수동적인 삶이 아니라, 내가 도와주어야 할 이웃을 찾는 능동적인 삶을 살아야 하는 것입니다.

둘째, 이웃을 내 몸처럼 사랑하는 것은 마음의 문제가 아니라 행동의 문제입니다.

제사장과 레위인도 강도 만난 사람을 볼 때 마음이 편치 않았을 것입니다. 분명 그들도 마음으로는 불쌍하고 안쓰럽게 여겼을 것

입니다. 그러나 그 마음은 행동으로 이어지지 않았고, 그들은 피를 흘리며 죽어가는 유대인을 보고도 그대로 지나쳐 갔습니다. 마음은 행동으로 나타나야 열매를 맺고, 예배를 통해 받은 은혜는 삶의 현장에서 행동으로 이어질 때 향기가 나는 것입니다.

우리는 제사장이나 레위 사람이 예루살렘 성전에서 하나님을 예배하고 돌아오는 길이었다는 사실에 주목할 필요가 있습니다. 당시 율법의 규정에 의하면 제사장은 예루살렘 성전의 제사를 담당하기 위해 당번을 세워 돌아가면서 한 달 동안 성전의 제사를 주관하였고, 레위 사람은 제사장 옆에서 그 예배를 도왔습니다. 그렇다면 본문에 등장하는 제사장과 레위 사람은 한 달 동안 수없이 많은 예배를 드리면서 하나님의 말씀을 묵상했을 것입니다. 다시 말해 이들은 하나님의 성전에서 충만히 은혜를 받은 사람들이었습니다. 그러나 정작 그들 앞에 사랑을 베풀어야 할 대상이 나타나자 슬금슬금 도망치기에 바빴습니다.

그렇다면 제사장과 레위 사람의 문제는 무엇일까요? 그들의 문제는 예배 생활을 충실히 하지 않은 것도, 기도하지 않은 것도, 직분이 없는 것도 아닙니다. 그들은 누구보다도 많은 기도를 했고, 은혜를 받은 사람들이었으며 하나님의 말씀에 대해서도 잘 알고 있는 사람들이었습니다.

이들의 문제는 단 한 가지였습니다. 그것은 바로 마음은 있었지만 행함이 없었다는 것입니다. 주님께서 사마리아 사람의 비유를 통해서 우리에게 하시고자 하는 말씀이 바로 이것입니다. 우리는 그리스도인으로서 도움을 필요로 하는 사람에게 무관심하거나 단순히 불쌍히 여기는 마음만 가지는 사람이 되어서는 안 되고, 그 마음을 행동으로 옮겨 실질적으로 그들에게 도움을 주는 신앙인으로 살아야 합니다.

이제 교회는 교회 안에만 머물 것이 아니라 문을 열고 세상 밖으로 나와 적극적으로 선한 영향력을 끼치며 우리가 살고 있는 지역의 필요를 채워 주어야 합니다. 특별히 영적으로 강도를 만나 죽어가는 이웃을 살려 내는 일에 적극적으로 참여해야 합니다. 지금 우리 주변에는 죄악의 사슬에 묶여 영원한 지옥을 향해 걸어가는 사람들이 즐비합니다. 멀리 갈 것도 없이 자신의 형제, 친척, 이웃을 둘러보십시오. 강도 만난 유대인처럼 당신의 도움이 절실히 필요한 이웃을 발견할 수 있을 것입니다. 물론 전도가 하루아침에 이루어지는 것은 아닙니다. 그러나 '해도 안 된다'는 생각에 사로잡혀 전도를 포기해 버린 것은 아닌지 스스로에게 물어보십시오.

또는 이미 여러 차례 전도를 시도해 보았지만 그들의 마음 문이 열리지 않는다는 이유로 너무 쉽게 포기해 버린 것은 아닌지 돌아보십시오.

사마리아 사람은 한 사람을 살리기 위해 먼저 그에게 다가갔습니다. 이처럼 죽어가는 영혼을 구하기 위해서 우리는 먼저 눈과 귀와 입을 열어야 합니다. 그리고 영원히 사는 길, 생명의 길, 예수 그리스도에 대해서 침묵하지 말아야 합니다. 복음에 대한 침묵은 금이 아니라 죄이기 때문입니다.

전도 바로 알기 강의4

한 사람 전도하기

- 한 영혼의 가치 – 눅 15:4
- 한 영혼의 구원을 위한 하나님의 방법 – 고전 1:24

1. 정의

- 내가 아니면 전도할 수 없는 한 사람을 정한 뒤 집중적인 _____와
  _____ 형성으로 하나님 앞으로 인도하는 전도이다.
- _____, _____, _____

2. 핵심 전략 Ⅰ

- 아는 사람에게 자신의 정과 연(緣·혈연, 학연, 지연, 직장, 인맥)을 적극 활
  용하여 집중적으로 전도하는 것이다.

3. 핵심 전략 Ⅱ

- "저는 결코 대중을 구원하려고 하지 않았습니다. 다만 한 사람을 바라보았
  습니다. 한 사람만을 사랑했습니다. 제게 소중한 그 한 사람, 한 사람에게
  최선을 다 했을 때 저는 4만2천 명의 사람을 붙잡을 수 있었습니다."

  – 마더 테레사

4. 성경적 근거와 유형(요 1:35-46)

① 모임전도 (요한 :   )

② 가족전도 (안드레 :   )

③ 지역전도 (안드레 :   )

④ 친구전도 (빌립 :   )

전도 대상자

- 오스카 톰슨의 친밀도 동심원
- 대상자 정하기

이름		나이	
주소		성별	
전화번호		핸드폰	
기도제목			

나 눔

❶ 4장의 글과 강의를 읽으면서 전도에 대한 생각이나 관점이 바뀐 점이 있다면 나누어 봅시다.

❷ 배우고 느낀 점을 어떻게 실제 전도에 적용할 것인지 나누어 봅시다.

❸ 지금 복음을 들어야 할 사람이 떠오른다면 그 사람을 위해서 기도합시다.

전도자가 받을 복

예수께서 이 열둘을 내보내시며 명하여 이르시되 이방인의 길로도 가

지 말고 사마리아인의 고을에도 들어가지 말고 오히려 이스라엘 집의

잃어버린 양에게로 가라 가면서 전파하여 말하되 천국이 가까이 왔다

하고 병든 자를 고치며 죽은 자를 살리며 나병환자를 깨끗하게 하며

귀신을 쫓아내되 너희가 거저 받았으니 거저 주라 너희 전대에 금이

나 은이나 동을 가지지 말고 여행을 위하여 배낭이나 두 벌 옷이나 신

이나 지팡이를 가지지 말라 이는 일꾼이 자기의 먹을 것 받는 것이 마

땅함이라 어떤 성이나 마을에 들어가든지 그 중에 합당한 자를 찾아

내어 너희가 떠나기까지 거기서 머물라 또 그 집에 들어가면서 평안

하기를 빌라 그 집이 이에 합당하면 너희 빈 평안이 거기 임할 것이요

만일 합당하지 아니하면 그 평안이 너희에게 돌아올 것이니라. 누구든지 너희를 영접하지도 아니하고 너희 말을 듣지도 아니하거든 그 집이나 성에서 나가 너희 발의 먼지를 떨어 버리라 내가 진실로 너희에게 이르노니 심판 날에 소돔과 고모라 땅이 그 성보다 견디기 쉬우리라 마태복음 10:5-15

어느 리서치 기관에서 교인들을 대상으로 설교에 관한 설문조사를 했다고 합니다. 먼저, '어떤 설교를 듣기 원하십니까?'라는 질문을 했습니다. 그랬더니 첫째는 '축복에 관한 설교'46%, 둘째는 '상한 심령과 병 고침에 관한 설교'28%, 셋째는 '그리스도인의 생활에 관한 설교' 그리고 마지막으로 '전도에 관한 설교'라고 대답했습니다. 다음으로 '어떤 설교를 들을 때 가장 마음에 부담이 됩니까?'라는 질문을 했더니, '회개에 관한 설교'라는 대답이 가장 많았습니다. 대부분의 교인이 죄에 대해서 지적하고 회개를 촉구하는 설교를 들을 때 마음에 부담을 느끼는 것입니다. 다음으로 부담을 느끼는 설교는 '전도에 관한 설교'라고 대답했습니다. 그런데 이 리서치 기관은 설문조사를 마치면서 이런 결론을 내렸습니다.

'꾸준히 성장하는 교회는 강단에서 전도에 관한 메시지가 끊임

없이 선포되는 교회이며, 교인들이 밝고 건강한 교회는 강단에서 회개를 촉구하는 설교가 끊이지 않는 교회이다.'

전도에 관한 메시지를 듣는 것이 부담이 되더라도 자꾸 듣다보면 자신도 모르는 사이에 전도하는 사람으로 세워지고, 전도하는 사람에게 주시는 하나님의 놀라운 축복도 받아 누리게 되는 것입니다. 예를 들어, 음식도 좋아하는 음식만 가려 먹으면 몸에 해가 되듯이 설교도 부담 없이 편하게 들을 수 있는 설교만 골라 듣게 되면 우리 영혼에 큰 타격을 안겨 줄 수 있습니다.

어느 날 권사님 한 분이 휠체어를 타고 목사님을 찾아와서 이렇게 말했습니다.

"목사님, 온몸이 아파 죽겠습니다. 저를 위해서 기도해 주세요."

그러자 목사님은 깜짝 놀라서 물었습니다.

"권사님, 왜 갑자기 그렇게 되셨습니까?"

"목사님, 나이가 들어 몸이 힘들어서 전도를 그만두었더니 그때부터 온몸이 아프기 시작해서 지금은 심한 관절염으로 걸을 수도 없게 되었습니다."

이것은 제가 아는 권사님의 실제 사례입니다. 또 한 집사님은 함께 사업을 하고 있는 동업자에게 복음을 전하라는 하나님의 말씀을 듣고도 전도를 하지 않다가 큰 화를 당하게 되었습니다. 집사님은 '같이 일만 잘 하면 됐지, 동업자까지 전도할 필요가 있겠어?'라고 생각했습니다. 그런데 어느 날, 동업자가 모은 돈을 다 가지고 도망가는 바람에 큰 부도를 맞고 말았습니다.

"목사님, 진작 동업자를 전도했다면 이렇게까지 되지 않았을 텐데요."

'나만 잘 믿으면 됐지, 남편까지 전도할 필요가 있겠어?'라고 생각하다가 화를 당한 아내도 있습니다. 어느 날 남편의 회사에 큰 부도가 나자 남편이 아파트 베란다에서 투신자살을 하고 만 것입니다. 만약 아내가 남편을 전도해서 예수님을 영접하게 했더라면 남편이 자살까지 하지는 않았을 것입니다. 모든 일에는 때가 있기에 뒤늦게 후회해도 소용이 없습니다. 복음은 '예수님을 믿지 않는 모든 사람에게 반드시 전해야 할 기쁜 소식'이며, 모든 그리스도인에게는 복음을 전할 특권과 사명이 있습니다. 또한 전도는 마음의 짐이 아니라 하나님의 축복과 능력의 통로입니다.

현재 한국 교회는 하나같이 입을 모아 부흥이 어려운 시대라고 말합니다. 한국 교회의 정체는 이미 오래 전부터 진행되었으며 이제는 침체를 향해 내려가고 있습니다. 그래서 어떤 사람들은 이제

한국 교회의 성장은 끝났다고 단언합니다.

그러나 지금 이 시대에도 '전도의 사명'을 멈추지 않고 충실히 이행하는 교회는 계속해서 성장하며 놀라운 부흥을 이루고 있습니다. 우리가 힘써 전도하면 하나님이 준비된 영혼들을 보내 주시기 때문입니다. 왜 우리는 전도의 사명을 멈추면 안 될까요?

그 첫 번째 이유는 전도는 하나님의 가장 큰 소원이기 때문입니다. 우리가 입을 열어 전도할 때 하나님의 소원을 이루어드리는 사람이 되는 것입니다.

하나님은 모든 사람이 구원을 받으며 진리를 아는 데에 이르기를 원하시느니라 디모데전서 2:4

둘째, 하나님은 전도자를 기뻐하십니다.

내가 너희에게 이르노니 이와 같이 죄인 한 사람이 회개하면 하늘에서는 회개할 것 없는 의인 아흔아홉으로 말미암아 기뻐하는 것보다 더하리라 누가복음 15:7

좋은 소식을 전하며 평화를 공포하며 복된 좋은 소식을 가져오며 구

원을 공포하며 시온을 향하여 이르기를 네 하나님이 통치하신다 하는

자의 산을 넘는 발이 어찌 그리 아름다운가 이사야 52:7

하나님은 전도자를 사랑하시고 무한히 기뻐하십니다. 그러므로
우리가 전도하는 순간 우리는 더할 나위 없는 하나님의 기쁨이 되
는 것입니다.

셋째, 전도는 하나님의 채널입니다. TV를 시청할 때 원하는 방송
국의 프로그램을 보기 위해 채널을 맞추듯 하나님과 통하는 채널
은 전도입니다. 즉 하나님의 무한한 축복을 경험하려면 우리의 채
널을 하나님의 채널인 전도에 맞추어야 합니다.

마태복음 10장에는 예수님이 열두 제자를 전도자로 파송하는 내
용이 나옵니다.

예수께서 이 열둘을 내보내시며 명하여 이르시되 이방인의 길로도 가

지 말고 사마리아인의 고을에도 들어가지 말고 오히려 이스라엘 집의

잃어버린 양에게로 가라 마태복음 10:5-6

본문은 전도의 대상과 우선순위에 대해 말씀하고 있습니다. 현대 전도학에서 가장 좋은 전도법으로 추천하는 것은 '관계전도'입니다. 관계전도란 일상생활 속에서 자주 만나고 접촉하는 사람들과 좋은 관계를 맺고, 그 관계를 통해 복음을 전하는 것입니다. 물론 노방전도와 집집마다 방문하는 축호전도, 문서전도도 참으로 중요합니다. 이런 전도는 전도의 기본이라고 할 수 있습니다.

미국의 교회성장학자인 엘머 타운즈 박사는 사람들이 어떻게 처음으로 교회에 나오게 되는지를 유형별로 연구했습니다. 그 결과 친구나 친지, 이웃 또는 직장동료를 통해 교회에 나오게 된 사람이 가장 많았고, 다음으로 노방전도나 축호전도를 통해 나오게 된 경우였으며 마지막으로는 전도지를 보고 나온 경우였습니다. 이처럼 전도를 위해 모든 방법을 동원할 수 있지만 가장 효과적인 전도는 가까운 사람에게 복음을 전하는 관계전도입니다. 우리나라도 마찬가지입니다. 친구, 선배, 부모, 형제, 배우자, 친척, 이웃 등 가까운 사람의 권유로 교회에 나오게 된 사람이 교인의 80% 이상입니다. 그리고 조사 결과 서울과 같은 대도시의 경우에는 차를 타고 30분 이내에 사는 사람이 전도된 사람의 80%가 넘는다는 통계도 있습니다. 우리는 물론 전혀 모르는 사람에게도 복음을 전해야 합니다. 길거리에서 만난 사람, 처음으로 만난 사람에게도 복음을 전해야 하지만, 그보다 우리의 주 전도대상은 가까운 사람이 되어야 하며 주 전도지역은 바로 내가 살고 활동하는 지역이어야 합니다. 여러분의 전도지역은 어디입니까? 직장을 다니는 사람은 직장이 전도의 현장이며, 식당을 경영하는 사람은 식당이 바로 하나님이 허락하신 전도의 현장입니다.

> 일어나라 빛을 발하라 이는 네 빛이 이르렀고 여호와의 영광이 네 위에 임하였음이니라 이사야 60:1

하나님은 일어나서 복음의 빛을 발하는 사람, 복음을 전하는 사람에게 준비된 영혼을 붙여주시고 영적인 축복과 함께 물질적인 축복까지 허락해 주십니다. 하나님이 '왜' 우리를 그 직장에 보내시고, 그 지역에 살게 하시며, 왜 그들을 우리의 곁에 두는지 생각해 봐야 합니다. 다시 말해 지금 여러분이 살고 있는 그곳이 여러분의 선교지인 것입니다. 그리고 지금 우리가 만나는 사람들이 바로 하나님이 우리에게 맡기신 영혼입니다.

가면서 전파하여 말하되 천국이 가까이 왔다 하고 병든 자를 고치며

죽은 자를 살리며 나병환자를 깨끗하게 하며 귀신을 쫓아내되 너희가

거저 받았으니 거저 주라 마태복음 10:7-8

믿는 자들에게는 이런 표적이 따르리니 곧 그들이 내 이름으로 귀신

을 쫓아내며 새 방언을 말하며 뱀을 집어올리며 무슨 독을 마실지라

도 해를 받지 아니하며 병든 사람에게 손을 얹은즉 나으리라 하시더

라 마가복음 16:17-18

하나님은 전도하는 사람에게 하나님의 능력을 부어 주시고 표적을 보여 주십니다. 전도를 목적으로 기도할 때 하나님은 반드시 그 기도에 응답하시며, 전도를 목적으로 입을 열어 말씀을 선포할 때 그 입술을 책임져 주십니다.

빌립이 사마리아 성에 내려가 그리스도를 백성에게 전파하니 무리가

빌립의 말도 듣고 행하는 표적도 보고 한마음으로 그가 하는 말을 따

르더라. 많은 사람에게 붙었던 더러운 귀신들이 크게 소리를 지르며

나가고 또 많은 중풍병자와 못 걷는 사람이 나으니 그 성에 큰 기쁨이

어느 권사님의 간증입니다. 그 권사님은 수요예배, 금요예배, 주일예배에 꼭 참석하는 사람이었지만 전도하는 것을 어려워했습니다. 그래서 권사님은 하나님께 전도를 잘 할 수 있는 은혜와 능력을 달라고 매일 기도를 드렸습니다. 그런 와중에 하루는 직장 동료에게 전도를 하게 되었습니다.

"교회 나가서 예수 믿고 구원받으세요."

그랬더니 그 사람이 물었습니다.

"하나님이 정말 살아 계시나요?"

권사님이 하나님은 살아 계신다고 대답 했더니, 그 사람은 이제 일곱 살 된 손자가 병을 앓고 있으니 그 손자의 병을 고쳐 주면 예수님을 믿겠다고 했습니다. 그래서 그 집에 가보니 손자는 '재생불능빈혈'이라는 병에 걸려서 얼굴이 누렇게 떠 있었습니다. 병원에서도 이미 포기한 상태였고, 완치될 가능성이 단 5%인데 그나마도 치료를 하려면 치료비가 1억이나 들어간다고 했습니다. 김 권사님은 이 이야기를 듣자마자 마음속으로 하나님께 기도했습니다.

"하나님, 어떻게 할까요?"

그랬더니 마음에 감동이 오기를 '앞으로 3달 동안 1주에 한 번씩 시간을 정해 놓고 그 집에 가서 가정예배를 드려라'는 것이었습니다. 이에 권사님은 일주일에 한 번씩 시간을 정해 놓고 그 집에 가서 함께 가정예배를 드렸습니다. 그리고 예배를 드릴 때마다 간절한 마음으로 이 가족이 구원을 받을 수 있게 해달라고 기도했습니다. 그렇게 3개월의 시간이 흐른 뒤 권사님이 아이를 위해 기도하던 중에 갑자기 환상을 보게 되었습니다. 시커먼 물체가 아이를 덮고 있었는데 권사님이 기도를 하니까 그 물체가 연기처럼 빠져나가는 환상이었습니다. 다음 날, 직장 동료로부터 전화가 왔습니다. 병원에 가서 재검사를 받았는데 병이 깨끗이 나았다는 것이었습니다. 그 이후 온 가족이 교회에 나가게 되었을 뿐만 아니라, 그 가족을 통해 주변의 친구, 친척 등 수십 명이 주님께로 돌아오게 되었습니다.

이처럼 하나님은 전도자에게 능력을 부어 주시고 기적을 일으켜 주시는 분이십니다. 또한 우리가 전도를 목적으로 기도하면 반드시 그 기도에 응답하시고, 전도를 목적으로 입을 열어 증거하면 그 입술에 기름을 부어 주시어 할 말을 생각나게 하십니다.

그러므로 전도현장에 나갈 때마다 이 말씀을 기억하십시오.

내가 너희에게 분부한 모든 것을 가르쳐 지키게 하라 볼지어다. 내가

세상 끝 날까지 너희와 항상 함께 있으리라 하시니라 마태복음 28:20

제자들이 나가 두루 전파할 새 주께서 함께 역사하사 그 따르는 표적

으로 말씀을 확실히 증언하시니라 마가복음 16:20

그러므로 전도할 때 주님이 우리와 함께하심을 믿고 담대하게

복음을 외쳐야 합니다. 왜냐하면 하나님은 우리가 전도할 때 성령

의 능력을 부어 주시고, 천군천사를 붙여 주시기로 약속하셨기 때

문입니다. 뿐만 아니라 하나님은 전도자를 한없이 기뻐하시며 축

복하시겠다고 약속하셨습니다.

너희 전대에 금이나 은이나 동을 가지지 말고 여행을 위하여 배낭이

나 두 벌 옷이나 신이나 지팡이를 가지지 말라 이는 일꾼이 자기의 먹

을 것 받는 것이 마땅함이라 마태복음 10:9-10

이 말씀처럼 하나님은 전도자의 전대를 채워 주시고 의식주를

책임져 주겠다고 약속하셨으며, 예수님을 자랑하는 전도자의 생애

를 복되게 하시겠다고 약속하셨습니다.

> 또 그 집에 들어가면서 평안하기를 빌라 그 집이 이에 합당하면 너희
> 빈 평안이 거기 임할 것이요 만일 합당하지 아니하면 그 평안이 너희
> 에게 돌아올 것이니라 마태복음 10:12-13

그러므로 전도할 때 그 사람이 복음을 받아들이면 우리에게 상급이 쌓이니 좋은 것이고, 받아들이지 않더라도 우리에게 복이 임하므로 좋은 것입니다. 따라서 전도는 열매를 맺든 맺지 못하든 간에 큰 은혜가 아닐 수 없습니다.

> 누구든지 사람 앞에서 나를 시인하면 나도 하늘에 계신 내 아버지 앞
> 에서 그를 시인할 것이요 마태복음 10:32

마지막으로 전도는 사람 앞에서 예수님의 '주 되심'을 시인하는 것입니다. 예수님이 우리의 구세주가 되시며, 하나님의 아들이심을 시인할 때마다 하늘에서도 예수님이 하나님 앞에서 우리를 인정하고 자랑하십니다.

소돔과 고모라 성이 심판을 받게 되었을 때, 심판을 앞두고 아침부터 저녁까지 온종일 성문에 서서 복음을 외친 노인이 있었다고 합니다. 어느 날 복음을 외치고 있는 노인에게 누군가 찾아와서 이렇게 물었습니다.

"할아버지 아무리 복음을 외쳐도 사람들은 변화되지 않는데 왜 쓸데없이 복음을 외치고 계십니까?"

그 말을 들은 노인은 이렇게 대답했습니다.

"그들이 나를 변화시키지 못하도록 계속 외치고 있는 것이오!"

왜 복음을 외쳐야 합니까? 남을 살리기 전에 먼저 내가 살고 복을 받기 위해서입니다. 그러므로 여러분, 이제부터라도 복음을 전하는 자에게 주시는 하나님의 생명과 축복을 받아 누리게 되시기를 간절히 바랍니다.

전도 바로 알기 강의 5

묵상말씀 하나님은 모든 사람이 구원을 받으며 진리를 아는 데에 이르기를 원하시느니라_딤전 2:4

왜 전도해야만 하는가?

1. 하나님의 _____은 영혼구원이기 때문이다.

   - 딤전 2:4

   - 요 3:16

   - 눅 19:10

   - 막 1:38-39

   - 주님의 3대 사역 : 십자가, 부활, 40일 동안

   - 주님의 명령 : 마 28:19-20a, 막 16:15, 눅 24:48-49, 행 1:8

2. 전도에는 엄청난 _____이 있기 때문이다.

   - 눅 15:7

   - 사 60:1

   - 세계적인 성도(사 60:3), 인복(사 60:4a), 물복(사 60:5), 영화롭게 되는 복

     (사 60:9b)

전도자에게 약속된 7가지의 복

① 전도현장에서 _____을 체험하므로 항상 기쁘게 산다.

② 허약 체질, 신경질적인 _____체질, _____적인 체질로 바뀌게 된다.

③ 가정과 사업에 _____이 임한다.

④ 복의 _____으로 살게 된다.

⑤ 어디서든 하나님이 _____삶을 산다.

⑥ 천국 가서 면류관, 상급 받는다.

⑦ 하늘의 _____로 산다(단 12:3).

나 눔

❶ 5장의 글과 강의를 읽으면서 전도에 대한 생각이나 관점이 바뀐 점이 있다면 나누어 봅시다.

❷ 배우고 느낀 점을 어떻게 실제 전도에 적용할 것인지 나누어 봅시다.

❸ 지금 복음을 들어야 할 사람이 떠오른다면 그 사람을 위해서 기도합시다.

단순하지만 위대한 명령

여러 해 전에 미국 시카고에 있는 2천여 개 기업의 사장을 대상으로 설문조사를 한 결과 다음과 같은 재미있는 법칙이 발견되었습니다. 바로 8대 2의 법칙입니다. 그들이 사업에서 성공한 비결에 대해 조사했더니 80%는 대인관계, 20%는 전문지식이었습니다. 즉 성공한 기업가들은 좋은 물건 때문에 성공한 것이 아니라 구매자와 좋은 관계를 유지했기 때문에 성공했던 것입니다.

요즘 쏟아져 나오는 리더십에 관한 책들은 대부분 '관계를 중시하는 리더십'을 다루고 있습니다. 이런 책들은 모두 인간관계를 얼마나 잘 맺고 유지하느냐에 따라 성공여부가 결정된다고 말합니다. 그런데 이러한 성공 원리는 우리 삶에도 그대로 적용됩니다.

행복한 가정이란 어떤 가정입니까? 우선 부부 사이가 좋고, 부모와 자녀 그리고 형제 사이가 원만한 가정입니다. 마찬가지로 좋은 교회도 하나님과 성도 사이, 성도와 성도 사이가 좋은 교회입니다.

우리가 아는 한 가장 건강한 교회라고 할 수 있는 초대교회는 네 가지 관계의 끈으로 서로 연결되어 있었습니다. 사도행전 2장 42-47절을 보면 초대교회는 하나님과 사도 사이에 영적인 교통의 끈이 있었고, 사도와 성도 사이에는 가르침과 순종이라는 끈이 견고하게 연결되어 있었습니다. 그리고 성도와 성도 사이에는 사랑의 끈, 마지막으로 성도(교회)와 세상 사이는 전도와 봉사의 끈으로 연결되어 있습니다.

요한복음 1장 43-46절을 보면 안드레, 베드로, 빌립, 나다나엘이 나옵니다. 그런데 자세히 보면 본문에 나오는 이 네 명은 둘씩 짝을 이루고 있습니다. 안드레와 빌립은 예수님을 먼저 믿은 사람, 즉 오늘날로 하면 기존 성도를 가리킵니다. 반면 베드로와 나다나엘은 기존 성도인 안드레와 빌립의 전도를 통해 예수님께로 인도된 사람, 즉 전도대상자나 새가족을 대표합니다. 그렇다면 우리는 베드로와 나다나엘같은 전도대상자들을 어떻게 하나님 앞으로 인도할 수 있을까요?

전도에서 가장 중요한 것은 전도대상자를 정하는 것입니다. 자신을 중심으로 가까운 사람부터 가족, 친·인척, 친구, 직장 동료, 마을 주민, 지역 사람들, 동아리, 학교 친구들 그리고 잘 알지는 못하지만 서로 안면이 있는 사람 중에서 예수님을 믿지 않는 사람을 찾아보면 적어도 20~30명은 될 것입니다. 그 중에서 우선 단 한 사람을 정해야 합니다. 그러고 나서 그를 주님의 품으로 인도하기 위해 다음의 네 가지 노력을 기울여야 합니다.

첫째, 전도대상자를 찾아가야 합니다. 요한복음 1장 41절, 45절을 보면 '찾아'라는 단어가 기록되어 있습니다. 먼저 예수님을 믿게 된 안드레는 전도대상자로 자신의 형제인 베드로를 정한 후 그를 찾아갔습니다. 불신자였던 베드로와 나다나엘이 구원을 받게 된 것은 기존 성도인 안드레와 빌립이 그들을 전도대상자로 정하고 찾아갔기 때문입니다.

사실 성경의 역사는 '찾음'의 역사입니다. 죄를 지은 아담이 나무 뒤에 숨어 있을 때 하나님은 그를 찾아가셨습니다. 이렇게 시작된 찾음의 역사는 범죄 한 우리를 되찾기 위해 이 땅에 오신 독생자 예수 그리스도에게서 꽃을 활짝 피웁니다.

하나님은 잃어버린 한 영혼을 더 없이 소중하게 여기십니다. 그리고 한 영혼을 찾는 일에 온 마음을 쏟으십니다.

한편, 전도할 때 우리가 꼭 명심해야 할 것은 잃어버린 영혼을 찾아 전도하는 일은 세상의 논리가 아닌 생명의 논리를 적용해야 한다는 것입니다. 즉 한 영혼을 구원하는 일은 계산기로 손익 계산을 따지지 말고 손해를 감수하더라도 하라는 것입니다.

왜 우리는 '한 영혼'을 구원하기 위해 가진 것을 투자해야 합니까? 그 이유는 우리도 누군가의 수고와 투자로 구원받았기 때문입니다. 오늘날 이 땅위에 세워진 수많은 교회는 우리가 알지 못하는 수많은 사람의 순교로 세워진 것입니다. 누군가 우리를 위해 눈물로 기도하고, 물질을 드리며 헌신하고, 끊임없이 복음을 외쳤기에 구원을 받을 수 있었습니다. 그렇다면 이제 우리도 빚을 갚는 마음으로 책임감을 가지고 아직 구원받지 못한 사람들에게 찾아가서 복음을 전해야 합니다.

로마서 10장 13-14절은 이렇게 말씀하고 있습니다.

누구든지 주의 이름을 부르는 자는 구원을 받으리라 그런즉 그들이 믿지 아니하는 이를 어찌 부르리요 듣지도 못한 이를 어찌 믿으리요 전파하는 자가 없이 어찌 들으리요 로마서 10:13-14

이 말씀처럼 누구든지 주 예수의 이름을 부르면 구원을 받을 수 있습니다. 누구라도 "주님은 나의 구원자이시며 나의 하나님이십니다."라고 진심으로 고백하기만 하면 그는 구원을 받을 수 있습니다. 그러나 믿지 않는 사람이 '주님'을 부르기 위해서는 먼저 주님에 대해서 들어야 합니다. 그런데 먼저 구원받은 사람이 찾아가서 말해 주지 않으면 그들은 주님에 대해서 들을 수 없습니다.

에스겔서 3장은 불신자에게 예수 그리스도를 전해 주지 않는 것은 죄라고 말하고 있습니다. 나아가 우리가 전도하지 않았기 때문에 그 영혼이 죽어 지옥에 간다면 후에 그 사람의 피 값을 우리에게서 찾으시겠다고 말씀하고 있습니다.

그러므로 우리는 입을 열어 예수 그리스도를 전하는 사람이 되어야 합니다. 누구든지 예수 그리스도를 믿으면 죄와 사망의 법에서 해방되어 참 자유를 얻으며 행복과 평안이 넘치는 삶을 살 수 있게 된다는 진리를 자신 있게 말하는 사람이 되어야 합니다.

대부분의 그리스도인이 막연하게 전도나 간증을 어렵게 생각하지만, 사실 간증은 그리 어려운 일이 아닙니다. 간증이란 그저 '나를 만나 주신 예수 그리스도'에 대해서 짧게 나누는 것입니다.

아프리카 동부 지역의 선교사였던 빈센트 도노반의 『기독교의 재발견』이라는 책에 보면 이런 이야기가 나옵니다. 도노반 선교사가 동부 아프리카 지역에 도착했을 때, 그곳에는 이미 기존 선교단이 세운 학교와 병원 등의 시설이 있었다고 합니다. 그런데 이상하게도 그곳에서 교회나 그리스도인은 찾아 볼 수 없었답니다. 이유인즉 선교사들이 학교나 병원을 짓느라 바빠서 본래의 목적을 잊어버려 복음을 전하지 못한 것입니다. 비본질적인 것에 매달리느라 본질적인 것을 놓친 것입니다. 그래서 도노반 선교사는 만나는 사람마다 예수 그리스도의 십자가와 부활을 증거 하기 시작했습니다. 그러자 곧 마사이족 전체에 큰 영적 부흥이 일어나서 눈물로 회심하는 사람이 줄을 이었습니다. 그러던 어느 날 마사이족 추장이 도노반 선교사를 찾아와서 눈물을 흘리며 이렇게 말했습니다.

"이렇게 소중한 생명의 복음을 왜 이제야 전하는 것입니까? 진작 복음을 전해 주었다면 내 가족과 친구들도 구원을 받았을 텐데… 왜 좀 더 일찍 복음을 들려주지 않았습니까?"

교회가 복음을 증거하지 않는다면 누가 증거하겠습니까? 생명을 소유한 우리가 생명의 복음을 증거하지 않는다면 누가 생명을 전하겠습니까? 복음을 전하는 사람이 없다면 아무도 복음을 들을 수 없습니다.

안드레와 빌립이 베드로와 나다나엘을 찾아가서 예수 그리스도에 대해 말한 것처럼, 우리도 전도대상자에게 찾아가서 예수 그리스도에 대해 말해야 합니다.

1998년에 저는 약 60여 명 정도가 모이는 교회에 부임하여 기도하면서 성도들과 열심히 전도하러 다녔습니다. 그랬더니 부임한지 4년 만에 임대로 있던 교회가 6층짜리 건물을 구입하여 입당하게 되었고, 이후 교회는 놀라울 정도로 부흥하게 되었습니다.

지금은 돌아가신 한 장로님이 저에게 "전도하니 먼저 교회가 복을 받고, 성도들도 덤으로 복을 받게 되었다."고 말씀하신 적이 있습니다. 그 말씀이 옳습니다. 전도했더니 먼저 교회에 놀라운 부흥이 일어났고, 그와 더불어 성도의 삶에도 놀라운 부흥의 은혜가 임했습니다.

이사야서 60장 1절 이하에서 성경은 "일어나라 빛을 발하라 이는 네 빛이 이르렀고 여호와의 영광이 네 위에 임하였음이니라."고 말씀하고 있습니다. 이처럼 하나님은 복음의 빛을 발하는 전도자의 삶을 사는 성도에게 다음의 네 가지 복을 주겠다고 약속하셨습니다.

첫 번째 복은 삶의 지경을 넓혀 주시겠다는 약속이고, 두 번째 복은 전도자에게 주시는 만남의 복이며, 세 번째 복은 물질의 복이고, 마지막으로 네 번째 복은 자랑거리가 넘치는 삶을 살게 해주시겠다는 약속입니다.

전도란 쉽게 말하면 자랑하는 것입니다. 우리가 이렇게 하나님을 자랑하고, 복음을 자랑하고, 예수님을 자랑하면 하나님은 그 자랑을 받으시고는 우리를 주님의 자랑이 되도록 높여 주십니다.

하나님은 모든 사람이 구원을 받으며 진리를 아는 데에 이르기를 원하시느니라 디모데전서 2:4

하나님은 우리에게 전도할 것을 명령하고 계십니다. 즉 전도는 부탁이나 권면이 아닌 명령으로 그리스도인이라면 누구나 순종해야 하는 것입니다. 따라서 전도는 은사가 있든 없든 상관없이 구원받은 사람이라면 누구나 감당해야 할 의무이자 책임입니다.

그러므로 너희는 가서 모든 민족을 제자로 삼아 아버지와 아들과 성령의 이름으로 세례를 베풀고 내가 너희에게 분부한 모든 것을 가르쳐 지키게 하라 볼지어다. 내가 세상 끝 날까지 너희와 항상 함께 있으

리라 하시니라 마태복음 28:19-20

이 말씀을 가리켜 흔히 주님의 '위대한 명령'이라고 부릅니다. 이러한 하나님의 명령에 반응하는 방법은 순종밖에 없습니다. 그러므로 구원받은 성숙한 성도라면 마땅히 아버지의 마음을 품고 잃어버린 한 영혼을 찾아 구원하는 일에 전심전력해야 할 것입니다.

"다함께 외쳐 봅시다! 전도하면 전도된다!"

전도 바로 알기 강의 6

묵상말씀 우리는 주의 두려우심을 알므로 사람들을 권면하거니와_고후 5:11

전도란?

1. 복음(福音, Good News) 즉, 기쁜 소식을 _____것이다.

2. 예수님이 복음이기 때문에 예수님에 대해서 _____것이다.

3. 구원과 영생의 길에 대해서 _____것이다.

4. 죽어가는 영혼들에게 하나님의 구급차를 몰고 가는 것이다(고후 5:11)

5. 사람들을 _____로 데리고 오는 것이다.

6. 사람들을 지옥이 아니라 천국으로 _____것이다.

복음의 4대 골격

1. 하나님의 계획: _____과 _____

   ■ 창 1:27-28

   ■ 요 10:10

2. 사람의 상태: _____와 _____

   ■ 롬 3:23

   ■ 롬 6:23

   ■ 히 9:27

3. 하나님의 대책: _____

- 막 10:45

- 요 14:6

- 롬 5:8

4. 사람의 반응: _____

- 요 1:12

- 롬 10:9-10

	핵심내용	성경구절
1. 하나님의 계획		창 1:27-28, 요 10:10
2. 사람의 상태		롬 3:23, 롬 6:23, 히 9:27
3. 하나님의 대책		막 19:45, 요 9:27, 롬 5:8
4. 사람의 반응		요 1:12, 롬 10:9-10

나 눔

❶ 6장의 글과 강의를 읽으면서 전도에 대한 생각이나 관점이 바뀐 점이 있다면 나누어 봅시다.

❷ 배우고 느낀 점을 어떻게 실제 전도에 적용할 것인지 나누어 봅시다.

❸ 지금 복음을 들어야 할 사람이 떠오른다면 그 사람을 위해서 기도합시다.

다섯 가지 구원전략

소주 한 병을 소주잔에 따르면 7잔이 나옵니다. 그런데 사실 이 것은 소주회사의 계산된 판매 전략입니다. 둘이 앉아 먹어도 모자라고 셋이 먹어도 모자라며, 넷이 먹어도 꼭 술잔을 못 받는 사람이 생기기 마련입니다. 하물며 소주를 파는 것에도 이 같은 전략이 있는데, 천하보다 귀한 한 영혼을 구원하는 일에 전략이 없어서야 되겠습니까?

지금부터 한 영혼을 구원하기 위한 다섯 가지 구원전략을 살펴보겠습니다.

첫째, 우선 전도대상자를 정해야 합니다. 오스카 톰슨의 동심원의 원리를 이용하여 자기 자신을 중심으로 가족, 친척, 친구, 동료,

이웃, 아는 사람 순으로 관계를 넓혀가며 주변에 예수님을 믿지 않는 사람을 모두 찾아보는 것입니다.

둘째, 그 중에서 한 사람을 전도대상자로 정하여 찾아가는 것입니다. 안드레가 가족인 베드로를 전도대상자로 정한 뒤에 찾아가서 만난 것처럼, 또는 빌립이 친구인 나다나엘을 전도대상자로 정한 뒤에 찾아가서 만난 것처럼 우리도 전도대상자를 정한 뒤에 찾아가서 만나야 합니다. 그러나 여기서 중요한 점은 찾아가서 만나기 전에 먼저 그 사람을 위해 기도해야 합니다. 전도는 영적 전쟁이므로 우리가 전도대상자를 정할 때부터 사탄의 방해공작이 시작됩니다. 이때 우리는 다음의 세 가지 기도제목을 놓고 기도해야 합니다.

1. 그 사람을 떠올리면서 그의 이름을 불러가며 기도해야 합니다.
2. 그의 마음 밭이 옥토가 되도록 기도해야 합니다.
3. 성령의 만져주심을 위해서 기도해야 합니다.

이렇게 꾸준히 기도하면서 만남을 이어가야 합니다. 기도뿐만 아니라 관계형성도 중요한 과정이기 때문입니다.

어느 통계조사에 따르면 약 80%의 사람이 잘 형성된 관계를 통해 교회에 나오게 된다고 합니다. 그러므로 전도대상자를 정하면 일단 그 사람과 좋은 관계를 맺는 것이 중요합니다. 여기서 좋은 인간관계를 만드는 몇 가지 방법을 말씀 드리겠습니다.

첫째, 상대방의 장점에 대해 칭찬해 주는 것입니다. "선하게 생기셨네요.", "자신감이 있어 보입니다.", "늘 미소 짓는 모습이 참 보기 좋습니다." 와 같은 칭찬을 해야 합니다.

둘째, 상대방에게 감사를 표현해야 합니다.

셋째, 상대방이 매우 중요한 사람임을 느낄 수 있도록 말해 주는 것입니다.

넷째, 먼저 웃으며 인사해야 합니다. 인사는 대인관계에 있어 가장 기본적인 예의이자 좋은 관계를 유지하는 비결 중 하나입니다.

다시 본론으로 돌아와서 한 영혼을 위한 다섯 가지 구원전략 중세 번째는 전도대상자에게 예수 그리스도와 복음에 대해 말하는 것입니다. 어떠한 죄인이라도 예수님을 믿으면 죄 사함을 받고 하나님의 자녀가 되는 권세를 누리며 현재의 삶에서 뿐만 아니라 영원히 사탄의 권세를 이기고 승리할 수 있음을 알려 주어야 합니다.

다섯째, 전도대상자를 교회로 초청해야 합니다. 안드레와 빌립은 베드로와 나다나엘을 찾아가서 예수 그리스도에 대해 말했습니다. 그리고 그들이 직접 주님을 만날 수 있도록 교회에 초청했습니다.

2001년, 미국 뉴욕에서 일어난 911테러로 인해 수많은 사람이 목숨을 잃었습니다. 목숨을 잃은 사람 중에는 한인도 있었습니다. 그 중 한 희생자의 아버지는 미국에 건너온 후 고생하며 아들을 공부시켜 마침내 아들이 무역센터 안에 있는 한 회사에 취직이 되었습니다. 첫 출근을 하는 날, 아버지가 아들을 차에 태워 출근시켜 주고 차를 돌려 건물을 빠져 나온 지 불과 몇 분 후에 건물이 폭파되었습니다. 첫 출근 날 아들은 싸늘한 시신이 되어 돌아왔습니다. 그렇게 목숨을 잃은 희생자는 다른 사람보다 더 많은 죄를 지었기 때문일까요? 건물 밖에 있어서 살아남은 사람은 죄가 없기 때문에 목숨을 건진 것일까요? 그렇지 않습니다. 사람이 죽고 사는 것은 우리가 전혀 알 수 없는 영역입니다.

노아의 방주가 있었지만 하나님이 홍수로 심판하시던 날, 방주 안으로 들어간 사람과 짐승만 살아남았습니다. 이렇듯 구원의 문제는 장소의 문제입니다. 즉 구원은 방주 안에 있었느냐, 방주 밖에 있었느냐의 문제인 것입니다.

출애굽기 13장에서 애굽에 열 번째 재앙이 임할 때, 양의 피가 발라진 집 안에 있던 장자들은 모두 살아남았지만, 피가 발라진 집 밖에 있던 장자들은 다 죽임을 당했습니다. 이 사건 역시 무엇을 말하고 있습니까? 바로 장소의 중요성입니다.

교회는 구원의 방주입니다. 누구든지 교회 안에서 살아계신 예수님을 만날 수 있고 죄 사함을 받아 구원을 받을 수 있습니다. 그러므로 우리는 사랑하는 사람을 생명과 구원, 그리고 예수 그리스도가 계시는 교회로 초청해야 합니다.

다섯 째, 한 영혼에게 일어날 일을 기대해야 합니다. 찾아가고, 입을 열어 말하고, 그를 교회로 초청하는 일과 더불어 우리가 가져야 할 마음은 바로 '기대하는 마음'입니다.

본문 42절을 보면 예수님께서 베드로를 향해 "예수께서 보시고 이르시되 네가 요한의 아들 시몬이니 장차 게바라 하리라 하시니라"고 말씀하십니다. 초신자인 베드로가 머지않아 게바, 든든한 바위가 될 거라고 말씀하신 것입니다. 주님은 초신자인 베드로를 향해서 기대감을 가지셨고, 결국 베드로는 그분의 기대에 부응하는 사람이 되었습니다.

인도네시아는 인구 2억 명 중에 약 30%인 6천만 명이 예수님을 믿고 있습니다. 이슬람 국가 중 아시아 최대의 기독교인을 가진 국가인 것입니다. 인도네시아에는 큰 교회가 많이 있는데 그 중에서 가장 큰 교회가 수라바야Surabaya지역에 있습니다. 예배당의 좌석 수만 2만 5천 석이 넘는 큰 교회인데, 그 교회의 담임목사인 아브라함 알렉스 목사님의 가정에 뇌성마비 아들이 태어났습니다. 목사님을 가장 힘들게 한 것은 목사 가정에 뇌성마비 아들이 태어났다고 비웃는 이슬람교도들의 손가락질이었습니다. 처음에 목사님은 이런저런 실망도 하고 낙심도 했지만, 곧 믿음을 가지고 하나님께 기도하기 시작했습니다. 오직 십자가의 능력만 바라보고 아들이 온전히 건강해질 모습을 기대하면서 기도했습니다. 그러나 시간이 지나도 아무런 변화가 나타나지 않았습니다. '포기하지 않고 기도하리라'고 마음먹고 기도한 지 네 달이 지난 어느 날 아침, 기도를 마치고 아들의 방에 들어갔더니 아들이 멀쩡한 모습으로 일어나면서 "아버지"하고 불렀습니다. 기대하고 꿈꾸던 대로 이루어지는 기적을 맛보게 된 것입니다. 바로 이 사건을 계기로 목사님은 기도할 때마다 전능하신 하나님을 바라보고, 그분을 통해 나타날 놀라운 능력을 기대하게 되었습니다. 그리고 그때마다 목사님은 제한이 없는 하나님의 능력과 한계가 없는 믿음의 능력을 맛보게 되었습니다.

지금은 돌덩이같고, 생고구마같은 불신자라도 믿음을 가지고 기대하면서 기도하면 하나님의 손에 붙잡히는 놀라운 변화가 일어날 것입니다. 그들을 위해 기도할 때, 부정적인 생각을 버리고 예수 그리스도의 능력의 손에 이끌려 교회에 와서 함께 예배 드리는 모습을 상상하십시오. 하나님은 여러분의 기대와 상상을 초월하는 아름다운 역사를 보여 주실 것입니다.

세상에는 두 종류의 그리스도인이 있습니다. 하나는 세속적인 그리스도인worldly christian인데, 그들은 자신의 욕심을 채우기 위해 하나님을 찾는 자들입니다. 그들의 기도는 본인의 필요, 축복, 행복에 맞춰져 있습니다. 즉 '자기 자신이 중심인 신앙생활'을 하고 있는 것입니다. 다른 하나는 세상을 품은 그리스도인world christian입니다. 그들은 사명을 위해 부름 받았다는 사실을 바로 알고 '하나님 중심의 신앙생활'을 하고 있습니다.

하나님의 마음은 온통 한 영혼이 주님의 품으로 돌아오는 데 가 있습니다. 누가 성숙한 그리스도인입니까? 아버지의 마음을 시원하게 해드리는 사람입니다. 우리는 성숙한 그리스도인으로서 하나님 아버지의 마음을 품고 잃어버린 한 영혼을 찾아 복음을 전하고,

하나님에게로 돌이키는 '복 있는 전도자'가 되어야 할 것입니다. 우리가 입을 열어 복음을 전하는 순간 하나님은 우리에게 더 없이 큰 축복을 부어주실 것입니다.

"다함께 외쳐 봅시다! 전도하면 전도된다!"

전도 바로 알기 [강의 7]

묵상말씀 또 이르시되 너희는 온 천하에 다니며 만민에게 복음을 전파하라_막 16:15

전도의 실제

1. 전도의 성경적 근거
   - 마 4:19
   - 마 9:37-38
   - 행 1:8
   - 행 13:48

2. 전도의 전략
   ① 일단 _____으로 나가자(마 10:5).
   ② _____를 말하자.
   - 마 10:7
   - 마 16:16b

3. 전도현장에 나가보면
   ① 그날에 _____ 놓으신 영혼이 있다(행 13:48).
   ② _____ 영혼들이 있다.
   ③ 숨어 있는 _____도 있다.
   ④ 생고구마도 있다.

4. 전도의 구호
   ① 어디든지 가래!

② 누구에게든지 가라!

③ 뿌리든지 거두든지!

5. 전도를 위한 다섯 가지 기도

　① 성령충만과 _____을 주소서

　② _____을 열어 주소서(골 4:3)

　③ 구령의 _____을 주옵소서

　④ _____의 복을 주소서

　⑤ 영권 장악의 기도: _____

6. 전도를 위한 다섯 가지 확신

　① _____의 확신

　② _____의 확신

　③ _____의 확신

　④ _____의 확신

　⑤ _____의 확신

나 눔

❶ 7장의 글과 강의를 읽으면서 전도에 대한 생각이나 관점이 바뀐 점이 있다면 나누어 봅시다.

❷ 배우고 느낀 점을 어떻게 실제 전도에 적용할 것인지 나누어 봅시다.

❸ 지금 복음을 들어야 할 사람이 떠오른다면 그 사람을 위해서 기도합시다.

전략이 있어야 이긴다

2010년 1월, 진관교회는 새 성전 입당과 함께 뉴타운이라는 새로운 환경에서 새가족을 담아내기 위해 치밀한 전도전략과 공격적인 전도방법을 찾아 고심을 거듭했습니다. 또한 새 성전에 입당하기 훨씬 전부터 전도를 위한 토양화 작업, 즉 전도에 대한 성도들의 생각을 바꾸는 체질개선 작업이 점차적으로 이루어졌습니다. 나아가 변화된 성도들이 전도에 대한 열망을 풀어 놓을 실제적이고도 구체적인 전도의 장을 마련하기 위해 계획을 세우기 시작했습니다.

앞에서도 말했듯이 이 같은 전도전략보다 중요한 것은 '전도하면 전도되지만, 어떤 상황에서도 전도하지 않으면 전도되지 않는다'는 신념을 굳게 붙드는 일이었습니다. 이러한 마음가짐으로 우리교회는 세 가지 전도전략을 세우게 되었습니다.

첫 번째 전략은 '가는 전도'입니다. 가는 전도란 직접 찾아가서 복음을 전하는 전도를 말합니다. 두 번째 전략은 '오게 하는 전도'입니다. 이는 교회 내의 다양한 프로그램을 활용하여 지역주민에게 교회를 개방하고, 교회의 문턱을 낮춤으로써 스스로 교회로 발걸음을 옮기도록 유도하는 전도방법입니다. 세 번째 전략은 '이미지 전도'로 사회를 향한 교회의 다양한 섬김을 통해 교회에 대해 좋은 이미지를 갖게 함으로써 전도의 환경을 옥토로 바꾸는 장기적인 계획이 필요한 전도방법입니다.

이러한 세 가지 전략을 바탕으로 우리교회에는 다양한 전도대가 존재하는데, 첫 번째는 '아파트 전도대'가 있습니다. 요일별로 전도하는 이 팀은 아파트를 중심으로 새로 입주하는 주민에게 주로 전도합니다.

다음으로 '방문 전도대' 역시 아파트를 중심으로 축호전도를 진행합니다. '지하철 전도대'는 아파트에서 지하철역으로 가는 길에 부스를 설치하여 지역신문과 함께 간단한 간식을 제공하며 전도를 합니다. '상가 전도대'는 아파트에 입주한 상가 주민을 대상으로 전도합니다. '교역자 전도대'는 단지 내 노인정을 돌아가면서 방문하여 노인들을 위한 안마, 말벗, 수발 등을 통해 전도를 합니다. '섬김 전도대'는 토요일 점심시간을 이용하여 교회 주변에서 차茶를 제공하는 전도를 진행합니다. '봉고차 전도대'는 특수한 상황뉴타운을 고려한 맞춤식 전도대로서 전도에 필요한 모든 것을 봉고차에 비치하여 기동성 있게 움직이는 전도대입니다. 봉고차 전도대는 주로 새로 입주하는 세대를 대상으로 전도합니다. 보통 이사가 진행되면 적어도 3시간 이상은 현관문을 열어 두게 되는데 이 시간을 이용하면 손쉬운 방문전도가 가능합니다. 또한 이사할 때 필요한 생수, 각 티슈, 쓰레기봉투, 물티슈와 각종 음료 등을 제공하여 거부감보다는 고마운 마음을 갖게 함으로 교회에 대한 좋은 이미지를 심어 줄 수 있습니다. '봉고차 전도대'는 이사 후 새로운 교회를 찾는 주민들에게 상당히 효과가 있는 전도방법입니다.

또한 '부스 전도대'는 아파트 단지 내에 전도부스를 설치하여 상주하면서 전도하는 방식으로 부침개를 즉시 만들어 제공하고 각종 차와 아이들을 위한 과자나 사탕을 비치하여 베풀면서 교회를 소개하는 책자와 주보를 나누어 주는 전도대입니다. 이러한 부스 전도는 계절에 맞게 메뉴를 다양화할 수 있고, 아파트 주민과 소통

할 수 있는 장소도 되기 때문에 주민과 오랜 시간 동안 접촉하면서 전도하기에 좋습니다.

반면 '오게 하는 전도'는 관계를 활용한 이벤트 전도나 교회 내의 다양한 프로그램을 활용하여 지역주민에게 교회를 개방하며, 교회의 문턱을 낮춤으로써 스스로 교회로 발걸음을 옮기도록 도와주는 전도방법입니다.

문화센터 전도는 주중에 교회의 한가한 공간을 활용하는 전도방법입니다. 교회가 지역주민을 위한 다양한 교육의 장을 제공하고 교회의 문턱을 낮추어 그들의 흥미와 필요를 채워 줌으로써 스스로 교회에 찾아오도록 만드는 전도방법입니다. 진관교회는 문화센터 전도를 준비하면서 먼저 지역의 필요를 조사하였고, 문화교실 개설을 위해 교회의 자원뿐 아니라 관할구청, 대한체육회 등 여러 기관에서 우수 자원을 공급받았습니다. 그 결과 수준 높은 교육 환경을 만들 수 있었고, 지역주민의 많은 참여를 이끌어 낼 수 있었습니다. 문화센터 전도는 지역주민에게 교회에 대한 좋은 이미지를 심어 줄 뿐만 아니라 교회의 사회적 기여라는 측면에서 볼 때도 바람직한 전도방법입니다. 현재 진관교회의 문화센터에서는 어린이 성장체육, 성인 스트레칭, 기타, 바이올린, 컴퓨터 등 20여 개의 과목이 진행 중에 있습니다.

'어머니 기도회'는 취학 아동을 둔 가정이나 비교적 젊은 부부가 많이 이주하는 뉴타운의 특성을 고려해 시작하게 되었습니다. 현재 어머니 기도회는 평균 70여 명이 참석할 정도로 성장했고, 참여하는 어머니들의 기대에 맞춰 수준 높은 강의를 제공하고 있습니다. 이를 위해 한 달에 한 번씩 유명한 외부강사를 초청해 특강을 진행하고 있습니다. 실제로 어머니 기도회를 통해서 처음 교회를 방문한 사람들이 시간이 지난 후에 교회에 등록하게 되는 경우가 많이 있습니다. 따라서 어머니 기도회 역시 지역주민이 자발적으로 교회에 찾아오도록 유도하는 전도방법입니다.

아기학교는 뉴타운의 특성상 만 4세 미만의 자녀를 둔 젊은 부부가 많지만 아이들을 위한 교육시설은 턱없이 부족함을 보고, 많은 비용이 들더라도 지역을 섬길 수 있는 좋은 기회라고 생각하여 시작한 사역입니다. 그런데 사역을 시작한지 1년이 지나자 아기학교에 입학하기 위해 수많은 부모가 줄을 서서 예약을 할 정도로 좋은 반응을 얻었습니다. 또한 아기학교를 통해 많은 부모들을 전도할 수 있었습니다. 아기학교의 장점은 지역에 필요한 교육환경을 제공하는 동시에 부모에게 직접적으로 전도할 수 있는 계기가 생긴다는 점입니다.

뿐만 아니라 진관교회에서는 '6주간의 만남'이라는 문화 프로그램을 진행했습니다. 이는 지역사회와 소통의 장을 마련하고자 여는 행사로, 6주 동안 매주 토요일마다 특별 게스트를 초청하여 지역주민을 위한 강연회를 여는 것입니다. 입당 초에는 '개그맨 정종철', '김정택 장로', '온누리 사랑 챔버' 등 일반인에게도 많이 알려진 유명인을 초청하여 부담 없이 즐길 수 있도록 기획해서 지역주민에게 교회에 대한 좋은 이미지를 심어 주고자 노력하고 있습니다. 실제로 행사 이후 지역주민이 교회에서 제공한 문화혜택에 대해 만족감과 감사를 표현하는 것을 보면 장기적으로 볼 때 좋은 전도의 환경을 만드는 사역이라 생각됩니다.

또한 진관교회 카페는 교회를 건축할 당시부터 지역주민이라면 누구나 쉽게 올 수 있는 휴식 공간으로 설계되었습니다. 이를 위해 카페의 분위기를 고급화하고, 사용하는 원두 역시 최상급으로 하되 가격은 일반 커피 전문점의 사분의 일 가격으로 매우 저렴하게 하고 있습니다. 그 결과 '하늘카페'로 불리는 진관교회의 카페는 지역주민을 위한 쉼터로 자리매김하고 있습니다. 더불어 '동아리 전도'는 스포츠 탁구, 축구, 배드민턴를 통하여 지역주민이 교회에 부담 없이 접촉할 수 있는 길을 열어 주고 있습니다.

'행복 축제'는 가을에 약 12주에 걸쳐 실시되는 진관교회의 전도 축제입니다. 행복 축제는 꾸준히 관계 맺어 온 전도대상자를 교회로 인도하는 것으로 관계전도의 열매를 거두는 특별한 축제입니다.

'이미지 전도'란 지역주민에게 교회의 이미지를 긍정적으로 인식시킴으로써 장, 단기적으로 전도의 환경을 크게 개선하는 전도를 말합니다. 그러나 진관교회가 이미지 전도를 준비하면서 염두에 둔 것은 이미지 전도가 실질적인 전도로 이어지게 하겠다는 분명한 목표를 세우는 것이었습니다. 또한 단순히 교회의 이미지를 긍정적으로 바꾸겠다는 목표만 가지고 접근하는 것이 아니라 진정성 있는 모습을 지속적으로 보이는 것이 의미 있는 이미지 전도라고 생각하여 다음과 같은 이미지 전도 프로그램들을 개발하게 되었습니다.

'클린전도'란 매주 주일 오후예배 후에 시행하는 전도방법으로, 이는 전도라기보다는 말 그대로 '청소'를 하는 것입니다. 매주 오후예배 후에 남, 여선교회별로 돌아가면서 진행하며 교회 주변지역과 지하철역 주변을 돌아다니며 청소를 합니다. 따로 전도하지 않고 단순히 교회조끼를 입고 청소하는 것이 전부이지만 클린전도를 통해 지역주민에게 지역을 사랑하고 섬기는 마음을 전하며 교회에 대한 좋은 이미지를 심고 있습니다. 뿐만 아니라 교인들 역시 이 일에 참여하는 것에 큰 자부심을 느끼고 있습니다.

더불어 '8월의 크리스마스'라는 행사를 구청과 이주노동자 센터와 공동으로 진행하려고 하는데, 이는 우리 지역에 거주하고 있는 외국인 노동자들을 위한 '고향방문 프로젝트'입니다. 고향에 방문하고 싶어 하는 외국인 노동자들의 사연을 서면으로 접수받은 뒤 한 가정을 선정하여 온 가족이 고향에 방문할 수 있도록 경비를 제공하는 프로그램으로 교회가 해야 할 사회적 역할에 큰 역할을 했습니다.

은평 뉴타운에는 지역주민이 자발적으로 참여하는 인터넷 카페들이 많이 있습니다. 그 카페에서 지역주민의 요구들을 살펴보니 음악회나 공연같은 문화생활에 대한 갈급함이 컸습니다. 그 필요를 채워 주기 위해 진관교회는 뉴타운 인터넷 카페와 공동으로 진행하는 '행복 바이러스'라는 지역 음악회를 개최했습니다. 지역주민의 필요를 채우겠다는 목표로 시작한 이 음악회는 교회에 대한 이미지를 향상시키는 것은 물론 지역주민이 자연스럽게 교회에 방문하도록 유도하는 효과도 거두고 있습니다. 즉 매우 효과적인

'이미지 전도'인 것입니다.

이처럼 지역을 향한 전도가 활발히 일어나기 위해서는 치밀한 전도전략이 필요합니다.

첫째, 전도의 야성을 회복하기 위해 매일 '거리 전도'를 해야 합니다. 아무리 시대가 변했다지만 매일 거리로 나서는 전도자는 반드시 있어야 합니다. 물론 거리 전도에 대한 비판적인 시각이 많다는 것은 알고 있습니다. 시간과 노력에 비해 열매가 적고, 현대인에게 기독교에 대한 부정적인 시각을 심어 줄 여지가 많다는 것입니다. 그러나 세상에 진리를 선포해야 할 교회가 목소리를 내지 않는 것은 성경적이지 않습니다. 해를 거듭할수록 잃어가고 있는 교회의 야성을 회복하고, 한 영혼을 향한 아버지의 마음을 가지기 위해서도 거리 전도는 반드시 필요합니다. 대신 타 종교를 비방하거나 불신자를 배려하지 않는 무례한 모습이 아니라 예의를 갖추고 타인을 배려하는 모습으로 거리 전도를 진행해야 합니다.

둘째, 지역을 섬기는 전도를 병행해야 합니다. 지역교회의 사명 중 하나가 지역사회를 섬기고 사랑하는 것입니다. 개교회의 부흥만을 위해 전도할 것이 아니라 먼저 지역사회를 섬기고자 하는 마음을 가져야 합니다. 한 예로 얼마 전 진관교회는 어버이주일을 맞아 거리로 나가 만나는 노인들에게 카네이션을 달아드리는 행사를 했는데 그 작은 봉사에도 노인들이 무척이나 좋아하시며 교회에 대한 호감을 많이 표현하셨습니다.

또한 앞에서 말했듯이 주일예배 후에 클린전도를 하다보면 우리를 지켜보던 주민들이 감사의 인사를 전하거나 길을 가다말고 함께 청소를 해주기도 합니다. 어찌 보면 교회가 그토록 원하는 지역사회와의 소통은 거창한 것이 아니라 작은 섬김을 통해 우리가 원하는 만큼 깊이 이루어질 수 있습니다.

셋째, 주말문화를 적극 활용하여 전도해야 합니다. 이에 진관교회는 'Happy Saturday'라는 프로그램을 진행하고 있습니다. 2012년부터 모든 초, 중, 고등학교에서 주 5일 수업제가 전면 시행되면서 교회도 토요일에 아이들을 위한 프로그램이 요구되었습니다. 그래서 진관교회는 아이들을 대상으로 한 문화 프로그램을 기획하였습니다. 현재 진행하고 있는 프로그램으로는 부모와 함께 둘레길 걷기, 진관 행복 유소년 축구팀, 정철 어린이 영어성경학교가 있습니다.

넷째, '맞춤형 전도'를 해야 합니다. 전도를 할 때 반드시 유의해야 할 점은 '대상을 분명히 정하라는 것'입니다. 현대인은 수많은 서비스를 접하고 있기 때문에 한번 서비스를 받을 때 제대로 받지 않으면 다시는 찾아오지 않습니다. 그러므로 교회는 전도의 대상을 세분화하여 전도 프로그램을 철저히 준비하고 계획해야 합니다. 예를 들어 임산부를 위한 임산부 학교, 생후 36개월 이하의 아이와 어머니를 대상으로 한 아기학교, 자녀를 둔 어머니를 위한 어머니 기도회, 아버지를 대상으로 한 아버지 학교와 같이 다양한 대상에 맞춰 세분화된 프로그램이 활성화 되어야 합니다.

최근 들어 주목해야 할 전도대상은 바로 남성입니다. 남성을 위한 전도 프로그램을 기획할 때도 대학생, 미혼 직장인, 예비부부와 신혼부부, 미취학 자녀를 둔 남성, 노후를 준비하는 남성과 같이 대상을 세분화하여 프로그램을 기획하는 것이 중요합니다.

앞서 언급한 전도 프로그램들은 진관교회에서 이미 검증이 된 것으로 각각의 환경과 형편에 맞춰 교회에 적용한다면 많은 열매를 맺을 수 있을 것입니다. 무엇보다 전도방법을 세분화하고 다양화하는데 도움이 될 것입니다.

초대교회는 모이는 교회였지만 동시에 흩어지는 교회였습니다. 한국 교회 역시 모이기에 힘쓸 뿐 아니라 흩어지는 교회의 모습을 회복해야 합니다. 각박하고 다양해진 이 시대에 교회가 복음 전파의 사명을 다하기 위해서는 좀 더 치밀하게 전략을 세우고 철저하게 계획해야 합니다. 한마디로 교회는 전도에 있어 좀 더 지혜로워질 필요가 있습니다.

전도 바로 알기 강의 8

> **묵상말씀** 사람이 마음으로 믿어 의에 이르고 입으로 시인하여 구원에 이르느니라
> _롬 10:10

한 사람 구원을 위한 네 개의 다리 건너기

1. 만남의 다리 (Visit, 요 1:41, 45)

① _____로 만나자

② 일반적인 만남

　사랑 – 몬 1:5

　교제 – 몬 1:6

　위로 – 몬 1:7

2. 말함의 다리(Tell, 복음적인 만남, 요 1:41)

- 왜 예수 그리스도를 말해야 하는가?

- 인생의 문제 ➜ _____

3. 초청의 다리(Invite)

① _____로 하는 초청(요 1:46)

② _____으로 하는 초청(요 1:42)

③ _____로 초청

4. 기대의 다리(Expect, 요 1:42)

나 눔

① 8장의 글과 강의를 읽으면서 전도에 대한 생각이나 관점이 바뀐 점이 있다면 나누어 봅시다.

② 배우고 느낀 점을 어떻게 실제 전도에 적용할 것인지 나누어 봅시다.

③ 지금 복음을 들어야 할 사람이 떠오른다면 그 사람을 위해서 기도합시다.

우리교회 클린 전도법

김미희 권사

2013년 11월 30일 토요일 새벽, 이제 겨우 초겨울로 들어섰을 뿐인데 차가운 새벽공기는 몸을 움츠러들게 했습니다. 그러나 지역사회를 섬길 수 있다는 기쁨에 이끌려 추위를 이기며 교회를 향해 나섰습니다. 새벽 예배와 개인기도를 마친 후, 전도대원들과 함께 지역을 위해 통성기도를 하고 전도구호를 외치고는 집게와 비닐봉투를 든 채 각자 맡은 구역을 향해 나아갔습니다. 컴컴했던 거리가 밝아오자 운동을 나온 초로의 부부가 반갑게 인사를 했습니다. "안녕하세요? 진관교회에서 나오셨네요. 예수 믿으라고 말만 하지 말고 교회가 전도를 이렇게 해야지요. 그래서 저는 아는 사람이 다닐 교회를 찾으면 진관교회에 가라고 꼭 말해줘요. 수고하세요."

생각보다 많은 사람이 교회와 그리스도인에 대해 안 좋은 편견을 가지고 있습니다. 그리스도인이 가장 많이 봉사활동에 참여하고 있으며, 사회통합에 기여하고 있다는 여론조사 결과가 나와 있음에도 불구하고 대부분의 사람이 그리스도인에 대해 신뢰하지 못하고 있는 실정입니다.

이런 면에서 생각해 볼 때 우리교회에서 진행하고 있는 클린전도는 작은 헌신과 섬김을 통해 지역주민들의 마음을 열고 호감을 얻는데 최고의 전도법이라고 할 수 있습니다. 클린전도는 말이 아닌 몸으로 하는 전도입니다. 그렇기 때문에 지금 당장 눈에 보이는 열매가 없다 하더라도 실망하거나 조급해하지 않고, 클린전도를 통해 계속 지역을 섬기다보면 가랑비에 옷 젖듯이 언젠가는 지역주민들도 우리의 진심을 알아주리라고 믿습니다.

저는 매월 첫째 토요일 새벽마다 주일학교, 중고등부, 집사님들 할 것 없이 모든 성도가 거리로 나와 청소로 지역을 섬기는 우리교회를 참으로 자랑스럽고 뿌듯하게 생각합니다. 클린전도를 통해 우리교회의 아이들이 어렸을 때부터 봉사의 기쁨을 알며 지역을 섬기는 차세대 리더로 자랄 것을 믿기 때문입니다. 특히나 중고등학생을 자녀로 둔 어머니들이 자녀의 봉사점수를 높이기 위해 자녀 대신 아프리카의 갓난아이를 위한 모자를 떠 주거나 잡초를 제거해 주는 등의 일을 하며 너도나도 잘못된 모정을 쏟아 붓고 있는 이때에, 자녀와 함께하는 우리교회의 클린전도는 자녀에게 봉사하고 헌신하는 마음과 복음의 길을 닦는 기쁨을 가르쳐 줄 수 있는 최고의 신앙교육입니다.

제가 보기에 우리교회의 클린전도는 청소를 하면서 지역주민들과 반갑게 인사하고 친근하게 대화하게 되기 때문에 교회에 대한 편견과 오해라는 복음의 걸림돌을 치우는 데 효과적입니다. 뿐만 아니라 우리가 청소하는 거리를 지나다니는 사람들에게 왠지 모를 고마움과 빚진 마음을 갖게 하는 것은 우리교회의 다른 전도법이 통하게 하는 지름길이라고 생각합니다. 그래서 오늘도 새벽에 졸린 눈을 비비고 일어나 기쁘고 즐거운 마음으로 청소하러 갑니다. 우리교회 클린전도 최고!

나 자신을 변화시킨 전도

황일석 집사

딸아이 은채의 출산과 함께 저의 영적인 삶도 새로 시작되었습니다. 주일예배만 겨우 드리던 제가 점점 교회 안으로 들어가기 시작했기 때문입니다. 처음에는 모든 것이 어색하고 낯설어서 새로운 마음으로 시작한 교회생활에 적응하는 것이 쉽지 않았습니다. 차라리 초신자로 처음 교회를 나왔다면 적응하는 것이 더 쉬웠겠다는 생각이 들기도 했습니다.

저는 새롭게 정착할 교회를 찾으면서 순수하고 참된 교회이면서 부담 없이 다닐 수 있는 교회를 찾았습니다. 지금 생각하면 너무나 이율배반적인 모습이 아닐 수 없습니다. 그래서 여러 번의 고비도 맞았고, 하나님께 참 많이 따지기도 했습니다. 하지만 결국 제 자신이 문제였다는 사실을 깨닫게 되었습니다. 세상적인 기준과 잣대로 교회를 판단했던 것을 회개하면서 부터 영적인 시각으로 교회의 모든 것을 바라보게 되었습니다. 그렇게 저의 태도를 180도 바꾸고 나니 교회생활이 부담이 아닌 행복과 기쁨으로 다가왔습니다.

진관교회에 등록했을 때 바나바인 친구가 매주 적극적으로 챙겨주고 교회 사람들을 소개시켜 주었습니다. 사실 저는 낯선 사람들과 어울리는 것이 부담스러웠지만, 바나바의 도움 덕분에 교회에 빨리 적응할 수 있었습니다. 지금 생각해도 참으로 고맙습니다. 바나바는 낯선 교회에서 저의 친구가 되어주었고, 저는 그 친구를 버팀목으로 삼아 속회모임에도 잘 적응할 수 있었습니다. 또 바나바는 제 믿음과 교회생활이 견고해질 때까지 끊임없이 도움을 주었습니다. 바나바는 저에게 믿음으로 사는 삶을 나누어 주었고, 기도해 주었으며 저의 고민과 어려움을 들어주고 위로와 격려를 아끼지 않았습니다. 저는 이런 바나바를 통해 신앙 공동체의 하나 됨과 가족애를 느낄 수 있었습니다. 그렇게 계속 받기만 하던 저는 왠지 미안한 마음에 무언가 교회에 도움이 되는 일이 하고 싶어졌습니다. 그래서 교회의 전도대에 참여하게 되었고 전도로 교회를 섬기게 되었습니다.

그런데 뜻밖에도 전도를 시작하면서 제 내면에서부터 강한 변화가 일어나기 시작했습니다. 세상이 줄 수 없는 평안과 기쁨이 무엇인지를 비로소 경험하게 되었고, 삶속에서 성령의 인도하심을 받는다는 것이 무엇을 의미하는지도 알게 되었습니다. 제 자신을 내려놓을수록 크게 역사하시는 주님을 만나게 되었습니다. 그러자 무너져 있던 자존감이 세워지기 시작했고, 항상 개인적이고 이기적이었던 제가 따뜻한 사람으로 변화되어 갔습니다. 눈물이 회복되고, 친구가 보이기 시작하고, 마흔이 넘은 제가 주님 안에서 다시 꿈을 꾸게 되었습니다.

제가 변화되자 가정 또한 변화되기 시작했습니다. 고성이 오가던 남편과의 싸움이 사라졌고, 시댁에서도 불평덩어리였던 제가 화평의 사람으로 변화되어 시댁 어른들께 사랑받고 인정받는 며느리가 되었습니다. 저의 이런 변화로 인해 남편과 시댁 어른들은 교회에 마음을 열어 주셨습니다. 저는 매일 네 살 된 딸아이에게 축복의 기도를 해주고 있습니다. 이처럼 행복한 가정을 이룰 수 있도록 해주신 하나님의 은혜에 감사하고 감격할 따름입니다. 모든 것이 다 주님의 은혜입니다.

복음으로 인해 제 삶이 변화되었기에 단지 그 은혜를 나누고, 교회를 섬기고 싶어서 시작한 전도가 오히려 저 자신을 가장 크게 변화시켰습니다. 이것이 목사님께서 말씀하시는 '전도자에게 주시는 축복'이 아닌가 싶습니다. 전도의 가장 큰 수혜자는 복음을 듣는 사람이 아니라 복음을 전하는 사람이라는 진리를 깨닫게 된 것입니다. 저는 이 진리를 가슴에 새기고 앞으로도 계속해서 전도하는 삶을 살아갈 것입니다.

전도, 나가는 것이 능력이다

김영미 권사

제가 진관교회 전도팀에서 봉사한지도 만 5년이 되어 갑니다. 이현식 담임목사님은 성도 한 사람 한 사람이 전도에 열정을 품고, 실제로 전도할 수 있도록 준비시키기 위해 전도세미나, 전도훈련 등의 장을 종종 열어 주셨습니다.

저희 목사님은 전도는 "일단 나가는 것이 능력이다."라고 항상 강조하십니다. 이러한 목사님의 격려와 도전은 제가 확신과 담대함을 가지고 전도하도록 도와주었습니다. 목사님의 전도사역을 지켜보면서 영혼구원에 동참하고자 길거리 전도를 시작했고, 커피·녹차 등을 나누는 복음마차 전도, 부침개 전도, 관계전도 등에 참여하게 되었습니다. 그리고 아파트에 새 입주자가 오면 어김없이 찾아가 복음을 전했습니다.

사도행전 1장 8절의 "오직 성령이 너희에게 임하시면 너희가 권능을 받고 예루살렘과 온 유대와 사마리아와 땅 끝까지 이르러 내 증인이 되리라 하시니라"는 말씀을 묵상할 때마다 한 영혼을 향한 아버지의 애절한 마음이 느껴졌습니다. 그렇게 저는 확신반에 이어 제자대학, 알파코스, 바나바사역 등의 훈련을 받으며 성령의 인도하심으로 서서히 전도의 자리에 나아가게 되었습니다.

전도에 대해 더 큰 열정을 갖게 했던 것은 '바나바사역 훈련'이었습니다. 마태복음 20장 28절에 "인자가 온 것은 섬김을 받으려 함이 아니라 도리어 섬기려 하고 자기 목숨을 많은 사람의 대속물로 주려 함이니라"는 말씀을 되새기며, 예수님처럼 목숨까지 내어주는 사랑과 섬김을 하고 싶어졌습니다.

이런 마음으로 바나바 사역을 실천하며 더 많은 전도의 열매를 맺게 되자 전도가 재미있어졌고, 더 강하고 담대하게 복음을 전하게 되었습니다. 그날그날 만난 전도대상자를 전도수첩에 기록하여 꾸준히 전화심방과 식사를 통해 교제를 하다보면 어느새 전도대상자의 마음 문이 조금씩 열리는 것을 경험하게 됩니다.

전도에 재미를 붙인 저는 틈날 때마다 동네 상가에 들러 지역주민과 대화를 나누며 자연스럽게 그들의 상황과 형편을 알아갔습니다. 그리고 그들의 기도제목을 마음에 품고 기도하자 생각지도 않은 일들이 그들에게 일어났습니다. 이를 통해 저는 하나님께서 예비하신 영혼에게 복음을 전하면 전도가 어렵지 않다는 것을 깨닫게 되었습니다.

전도를 할 때 '무슨 말을 해야 하나' 고민하는 분이 많은데, 저는 그럴 때 하나님을 마음껏 자랑하라고 조언하고 싶습니다. 저의 하나님 자랑을 계속 듣던 사람이 마음 문을 열어 교회를 다니겠다고 약속하는 경우를 많이 보았기 때문입니다. 전도를 하다 보니 믿지 않는 영혼이 세상에 얼마나 많은지 알게 되었고, 주님께서 여러모로 부족한 저까지 부지런히 복음을 전하게 하신 이유를 깨닫게 되었습니다.

어느 날은 거리에서 차 전도를 하다가 82세의 할머니를 만나게 되었는데 지금까지 그 누구에게서도 복음을 들은 적이 없다고 하셨습니다. 그래서 그 분에게 복음을 전하게 되었고, 지금은 확신반 공부를 마치시고 속회는 물론 주일을 성수하시며 열심히 신앙생활을 하고 계십니다. 할머니는 이렇게 좋은 예수님을 이제야 만나게 된 것이 너무 아쉽다고 말씀하십니다.

상가 전도를 할 때도 성령의 역사는 계속 되었습니다. 상가 전도를 하면서 작은 음식점을 방문했다가 그 음식점 사장님을 알게 되었습니다. 사장님이 꽃을 좋아하신다는 것을 알고 만날 때마다 꽃과 함께 작은 선물을 준비해서 전하곤 했습니다. 음식을 팔아주기 위해 일부러 사람들을 데리고 찾아간 적도 있습니다. 그렇게 한지 2년이 지난 어느 날 저는 믿음으로 "이제는 예수님을 믿으세요."라고 말했습니다. 그런데 놀랍게도 그분이 너무나 기뻐하며 교회에 나오겠다고 약속하셨고, 얼마 후 정말 그분과 함께 예배를 드리는 은혜를 누리게 되었습니다. 그분은 지금까지 저와 함께 행복한 신앙생활을 이어가고 있습니다.

저는 한 영혼을 구원하는 데 쓰임 받는 도구가 된 것이 너무 기쁘고 행복합니다. 앞으로도 이 땅에서 전도의 사명을 잘 감당하다가 하늘에서 생명의 면류관을 받는 딸이 되기를 기도합니다.

2부

건강한 교회는
성장한다

단순하지만 위대한 명령

전도하면 전도된다.

누가 내 이웃입니까?

전도자가 받을 복

다섯 가지 구원전략

전도로 부흥을 맛보라

새가족 정착률 90%의 비밀

전도로 부흥을 맛보라

저는 2008년 1월 30일, 진관교회의 제4대 담임목사로 부임하게 되었습니다. 당시 진관교회는 41년의 역사를 가진 교회였고, '은평 뉴타운 계획'이 발표되어 (구)예배당을 매각하고 2006년 1월부터 은평구 갈현동에 있는 건물의 두 개 층을 빌려 예배를 드리고 있었습니다. 부임 당시 교회 부지는 아직 선정되지 않았고, 새 성전 건축의 청사진과 설계도가 나와 있는 상태였습니다.

교인들은 뉴타운 건설에 대한 희망으로 저의 전임자이시고, 은퇴를 2년 앞둔 정하봉 목사님과 함께 새 성전 건축을 위한 모든 기틀을 준비해 놓고 있었습니다. 교인들은 대체로 교회에 뿌리를 내린 지 오래된 분들이었고, 평균 연령도 높은 편이었습니다. 그렇기에 전도나 교회성장에 힘쓰는 것보다 새 성전이 건축될 때까지 기존 교인 관리를 위한 목회에 집중하고 있었습니다. 실제로 예배당을 갈현동으로 옮긴 이후 2년이 지나도록 전도나 성장은 아주 미미한 상태였습니다. 교인들은 여기서는 현상유지를 잘 하다가 뉴타운에 새 성전을 짓고 들어가면, 건물만 봐도 호감을 가지고 사람들이 자연스럽게 모일 것이고, 그렇게 되면 교회성장은 예정된 것이나 다름없다고 생각했습니다. 그러나 저의 생각은 조금 달랐습니다. 저의 지난 목회 경험을 되돌아 볼 때 '전도할 때 전도되는 것이지, 전도하지 않으면 어떤 환경이나 상황에서도 성장이나 전도는 불가능한 것'이었습니다. 그래서 저는 2008년 4월 주일 오후에 2번, 주중 저녁에 6번 등 총 8번에 걸쳐 전도집회를 열었습니다.

8일째 되는 마지막 날 전도대 헌신서약을 했더니 135명의 교인이 교회의 전도 프로그램에 따라 전도하기로 작정했습니다. 먼저 화요일에 나가는 '전도특공대'와 수요일 새벽에 나가는 '지하철 전도대' 그리고 목요일에 지역의 상가를 돌며 전도하는 '상가 전도대', 토요일에 몇 군데 거점을 잡아서 전도하는 '차※전도대', 주일 오후 예배를 마치고 전도하는 3개의 '70인 전도대' 등 총 7개의 전도대를 조직하여 전도를 시작했습니다. 교인들의 반응과 참여는 매우 열정적이며 적극적이었습니다. 몇몇 사람이 뉴타운에 들어가서 전도하면 되지 왜 벌써부터 힘을 빼느냐고 말하기도 했지만, 은퇴하신 원로 장로님들을 비롯하여 많은 교인이 전도에 헌신했습니다. 그 결과 2008년 연말 통계에 의하면 8개월 동안 전도의 열매로 78명의 새가족이 교회에 등록하게 되었습니다. 더불어 이 일은 전도에 대한 사기를 북돋우는 계기가 되었습니다. 평상시 교인들에게 외쳤던 구호, '전도하면 전도된다'는 말이 한낱 구호가 아닌 현실로 나타나는 것을 보고 교인들은 더욱더 전도에 힘쓰게 되었습니다.

저는 '전도하면 전도된다'는 말을 이미 10년 전에 강하게 체험했습니다. 1998년 2월, 농촌교회에서의 목회를 마치고 서울로 올라오면서 부임한 교회는 건물 3층을 임대하여 월세를 내던 교회였습니다. 당시 60여 명이 모이던 교회는 성장하기 어려운 환경과 조건을 가지고 있었습니다. 특히 교회 아래층에 자리 잡고 있던 노래방은 교회를 성장시키는 데 가장 큰 장애물이었습니다. 교인들의 마음 속에는 일종의 패배주의와 안일주의가 자리 잡고 있어서 성장은 꿈조차 꾸려 하지 않았습니다. 그때 저는 하나님 아버지의 마음 딤전 2:4을 목회의 목표로 삼고 교인들에게 전도훈련을 시키면서 함께 전도했습니다. 그러자 부임 첫해에는 35명, 그 다음 해에는 60명, 그리고 3년차가 되었을 때는 86명의 새가족이 등록하게 되었고, 부임 4년차가 되었을 때는 교회가 5층 건물로 확장 이전하는 기적을 경험하게 되었습니다. 그 후 저는 누구를 만나든, 어디를 가든 '전도하면 전도된다'고 외치게 되었고, 현재 목회하고 있는 진관교회에서도 이 구호대로 이루어지는 은혜를 몸소 경험하고 있습니다.

전도에 대한 저의 생각은 단순하면서도 변함이 없습니다. 즉 전도하면 전도되고, 성령님이 함께 하시기 때문에 전도가 결코 어렵지 않다는 것입니다. 교회가 세상 속으로 흩어져 계속해서 복음의 씨앗을 뿌리고 사랑의 거름을 주다 보면 어느새 뿌려 놓은 것이 열매를 맺어 하나님이 예비하신 영혼들을 거두게 될 것입니다. 그렇기에 당장 열매가 있든 없든 계속해서 전도를 하다 보면 결국 전도가 되는 것입니다.

2008년에 진관교회에 부임했을 때, 은평 뉴타운 건설과 새 성전 건축이라는 부푼 꿈을 가지고 있었습니다. 그러나 부푼 꿈에 비해 전도전략이나 성장을 위한 구체적인 방법은 세워져 있지 않았습니다. 그래서 저는 전임목사님이 잘 다져 놓은 300명의 용사와 함께 '가나안 입성 프로젝트'를 시작했습니다. 우선 가나안에 입성하기 위해 준비해야 할 것과 입성하고 난 후 행할 일에 대해서 구체적인 계획을 세우고, 특히 교회가 반드시 가져야 할 야성을 회복하기 위해 전도운동을 추진했습니다. 즉 '토양화' 작업을 위해 전도부흥회를 열면서 전도대를 조직하여 운영하였고, 전교인 릴레이 기도도 시작했습니다.

그 결과 2010년 1월 첫 주에 새 성전에 입당 하고 지금까지 진관교회는 거의 매 주일마다 새가족이 등록하는 기쁨을 누리고 있습니다. 많게는 10명 이상부터 적게는 2명 이상 한 주도 빠짐없이 새가족이 등록하고 있으며 그 중 약 90%의 새가족이 교회에 정착하고 있습니다.

정착률이 높은 이유는 몇 가지가 있는데 '바나바 사역'이 대표적인 이유라고 볼 수 있습니다. 새가족이 등록하게 되면 바로 바나바와 연결이 되고, 연결된 바나바는 4주 동안 새가족이 교회에 정착할 수 있도록 최선을 다해 도와줍니다. 예를 들어 함께 교회에 오고 가며 식사를 같이 하고, 주중에 만나 교회생활에 필요한 것을 알려주며 주일날에는 다른 교인을 5명 이상 소개시켜 줌으로써 자연스럽게 교회에 정착할 수 있도록 도와줍니다.

현재 진관교회는 '3333프로젝트'를 가슴에 품고 함께 기도하고 있습니다. '3333 프로젝트'란 선교적인 사명을 감당하기 위해 300명의 평신도 사역자를 세우고 30개의 교회를 개척하며, 3개 대륙에 선교사를 파송하고 3000명의 예배공동체를 이루는 것입니다.

우리교회는 혼자만 성장할 것이 아니라 다른 미자립 교회와 함께 성장하기 위해 노력하고 있습니다. 그 노력의 일환으로 지역 내 미자립 교회를 한 군데 선정하여, 매주 4개의 속회로 구성된 한 개의 교구가 그 교회로 가서 함께 예배를 드리고 식사교제를 한 후 그 교회가 속한 지역에서 전도하는 일을 하고 있습니다. 뿐만 아니라 한 개의 교구를 한 달씩 미자립 교회에 파송하여 그 교회의 교인처럼 지내면서 교회성장에 대한 꿈을 꾸도록 지원하고 있습니다. 이는 하나님이 진관교회를 세우신 목적이 '혼자만의 성장이 아닌 함께 성장하는 것'임을 진심으로 믿기에 기쁜 마음으로 할 수 있는 일입니다. 또한 지역교회 네트워크를 구성하여 지역의 교회들에게 전도에 필요한 자료와 노하우를 나누고 있으며, 전도 매뉴얼과 진관교회의 성장과 관련된 모든 자료 또한 제공하기 위해 준비하고 있습니다.

이처럼 아버지의 마음으로 전도한 결과 진관교회는 3년 만에 장년 출석교인이 300명에서 약 1,000여 명에 이르는 복을 받았고, 성장은 지금까지도 계속되고 있습니다.

'전도하면 먼저 교회가 복을 받고, 교인들은 덤으로 복을 받게 된다'는 고백이 부흥을 꿈꾸는 모든 교회와 목회자들의 고백이 되기를 진심으로 기도합니다.

"다함께 외쳐 봅시다! 전도하면 전도된다!"

전도 바로 알기 강의 9

묵상말씀 진리를 알지니 진리가 너희를 자유롭게 하리라_요 8:32

네 개의 끈이 건강한 교회

1. 하나님과 목회자: _____

- 행 2:43

2. 목회자와 성도: 말씀의 _____과 _____

- 행 2:42
- 갈 6:6
- 히 13:17

3. 성도와 성도: _____

- 행 2:44-46

4. 성도(교회)와 세상: _____

- 요 17장
- 행 2:47

세상에 속한(of the world), 세상을 떠난(out of the world),

세상에 보내심을 받은(into the world)

두 개의 구조가 건강한 교회

1. _____: 행 2장의 교회
   - 예배 공동체 (예배, 기도, 훈련, 봉사, 교제, 교육)

2. _____: 행 13장의 교회
   - 전도와 선교 공동체 _____

나 눔

❶ 9장의 글과 강의를 읽으면서 전도에 대한 생각이나 관점이 바뀐 점이 있다면 나누어 봅시다.

❷ 배우고 느낀 점을 어떻게 실제 전도에 적용할 것인지 나누어 봅시다.

❸ 지금 복음을 들어야 할 사람이 떠오른다면 그 사람을 위해서 기도합시다.

우리가 드릴 영적 예배

그러므로 형제들아 내가 하나님의 모든 자비하심으로 너희를 권하노

니 너희 몸을 하나님이 기뻐하시는 거룩한 산 제물로 드리라 이는 너

희가 드릴 영적 예배니라 로마서 12:1

어느 목사님이 한 집사님의 가정에 심방을 갔는데 그 집사님이 "목사님, 오늘 예배 좀 세게 봐 주세요"라고 하더랍니다. 이 말속에는 예배에 대한 기대와 간절함이라는 긍정적인 두 가지 의미가 있습니다. 두 가지의 부정적인 의미도 담겨 있는데, 예배를 관람하겠다는 생각과 예배에 대한 수동적인 자세입니다.

　신앙생활에서 예배만큼 중요한 것은 없습니다. 예배는 그리스

도인의 최우선순위priority입니다. 그렇기에 우리는 먼저 바른 예배
자가 되어야 합니다.

본문에서 우리는 세 구절을 주목하여 볼 필요가 있습니다. 왜냐
하면 이 구절들은 예배가 무엇인지를 가르쳐 주기 때문입니다.

가장 먼저 주목해야 할 구절은 "하나님의 모든 자비하심"입니
다. "하나님의 모든 자비하심"이란 구절은 우리가 예배해야 할 이
유를 설명해 주고 있습니다. 우리는 왜 하나님을 예배해야 합니까?
하나님의 모든 자비하심, 즉 하나님이 베풀어 주신 무한한 자비와
사랑 때문입니다. 그렇다면 예배는 무엇이겠습니까? 예배란 이러
한 하나님의 자비하심과 사랑에 대한 우리의 반응입니다.

성경은 요한일서 4장 19절에서 "우리가 사랑함은 그가 먼저 우
리를 사랑하셨음이라."고 말하고 있습니다. 이처럼 우리가 하나님
을 사랑하고 예배하는 이유는 하나님이 먼저 우리를 사랑하셨기
때문입니다. 그러므로 베풀어 주신 은혜와 사랑에 대한 감사가 예
배의 본질이라면 예배의 주를 이루는 것은 당연히 주님에 대한 사
랑의 고백과 감사여야 합니다.

두 번째로 주목할 구절은 "드리라"입니다. 예배는 하나님께 드
리는 것입니다. 찬양과 경배를 올려 드리고, 기도를 올려 드리고,

헌금을 올려 드리고, 마음을 올려 드리면서 하나님께 나의 가장 소중한 것을 올려 드리는 것이 바로 예배입니다.

여기서 우리가 바로 알아야 할 것은 그리스도인의 올려 드림과 타종교의 올려 드림은 근본적으로 다르다는 것입니다. 타종교의 올려 드림은 드리는 사람에게서 출발합니다. 즉 '신이여, 내가 드릴 테니 나에게 응답하소서'라고 기도하는 것입니다. 이처럼 타종교는 밑에서부터 위로 올라가는 상향식입니다. 그러나 기독교는 하향식으로 하나님에게서 출발합니다. 즉 하나님이 먼저 우리에게 베풀어 주심으로 관계가 시작되는 것입니다.

우리가 아직 죄인 되었을 때에 그리스도께서 우리를 위하여 죽으심으로 하나님께서 우리에 대한 자기의 사랑을 확증하셨느니라 로마서 5:8

로마서 말씀처럼 우리가 아직 죄인 되었을 때에 독생자 예수 그리스도를 내어 주시고, 구원의 은혜를 값없이 베풀어 주시고, 무한한 사랑과 축복을 베풀어 주신 하나님을 향해 감사와 사랑의 응답을 올려 드리는 것이 바로 그리스도인의 올려 드림입니다. 그래서 타종교의 올려 드림은 '내가 올려 드릴 테니 나에게 이렇게 내려 달라'는 흥정이지만 그리스도인의 올려 드림은 이미 주신 것에 감사한 마음으로 응답하는 것입니다. 그러므로 우리는 찬양, 기도, 예물, 그리고 몸과 마음과 시간도 다 하나님께 올려 드리되 감사와 사랑의 마음을 담아 올려 드리는 예배자가 되어야 합니다.

세 번째 주목할 구절은 "하나님이 기뻐하시는"이라는 구절입니다. 예배란 하나님을 기쁘시게 해드리는 것입니다. 그렇다면 어떻게 하나님이 기뻐하시는 예배를 드릴 수 있을까요? 이러한 참 예배의 방법이 마가복음 12장 30절에 나와 있습니다.

네 마음을 다하고 목숨을 다하고 뜻을 다하고 힘을 다하여 주 너의 하나님을 사랑하라 하신 것이요 마가복음 12:30

첫째, 우리는 하나님께 사랑의 마음을 적극적으로 표현함으로 하나님을 기쁘시게 해드릴 수 있습니다. "마음을 다하고 목숨을 다하고 뜻을 다하고 힘을 다하여 주 너의 하나님을 사랑하라."는 말씀에 순종하여 우리는 예배시간에 하나님을 향한 사랑을 아주 적극적으로 표현해야 합니다.

물론 사랑을 잘 표현하지 않는 환경에서 자랐거나 원래 무뚝뚝

한 성품을 가졌기 때문에 사랑을 표현하는 것이 어려운 사람이 있을 수 있습니다. 그러나 우리는 사랑을 표현하는 법을 연습해야 합니다. '종은 울릴 때까지 종이 아니며, 사랑은 표현할 때까지 사랑이 아니다'라는 말이 있습니다. 하나님은 우리가 사랑을 표현하기를 원하십니다.

성경은 하나님이 우리의 사랑을 받고 싶어 하는 분이라고 말하고 있습니다. 호세아 6장 6절에 보면 이런 말씀이 기록되어 있습니다.

나는 인애를 원하고 제사를 원하지 아니하며 번제보다 하나님을 아는 것을 원하노라 호세아 6:6

이 구절이 표준 새번역 성경에는 이렇게 기록되어 있습니다.

내가 바라는 것은 변함없는 사랑이지, 제사가 아니다. 불살라 바치는 제사보다는 너희가 나 하나님을 알기를 더 바란다 호세아 6:6

하나님은 제사보다 '인애' 즉, '변함없는 사랑'을 받기를 원하십니다. 하나님은 우리를 무한히 사랑하시기 때문에 우리로부터 자발적인 사랑의 고백을 듣기 원하시는 것입니다.

사랑과 감사는 반복적인 연습으로 훈련되면 거룩한 습관이 될 수 있습니다. 그러므로 사랑과 감사의 습관이 자연스럽게 몸에 밸 때까지 연습해야 합니다.

"하나님, 오늘 하늘이 너무 아름다워요. 감사합니다."

"하나님, 사랑하는 가족과 함께하게 하심에 감사합니다."

"하나님, 숨 쉴 수 있게 하심에 감사합니다."

"하나님, 일할 수 있는 일터를 허락하심에 감사합니다."

"하나님, 제게 먹을 것을 주셔서 감사합니다."

이처럼 하나님은 예배시간에 우리의 반응을 보고 싶어 하십니다. 그러므로 사랑의 반응, 감사의 반응, 아멘의 반응고후 1:20은 모두 하나님을 기쁘시게 하는 예배의 가장 큰 요소입니다.

하나님의 약속은 얼마든지 그리스도 안에서 예가 되니 그런즉 그로 말미암아 우리가 아멘 하여 하나님께 영광을 돌리게 되느니라

고린도후서 1:20

둘째, 우리의 모든 관심을 하나님께 집중시켜서 사랑을 표현할 때 하나님을 기쁘시게 할 수 있습니다. 성경은 "뜻을 다하여 주 너의 하나님을 사랑하라."고 말하고 있습니다. 다시 말해 하나님은 '뜻'을 다하여 드리는 사랑을 원하시는 것입니다.

하나님이 왜 이토록 우리가 예배에 집중하기를 원하시는지 아십니까? 하나님이 우리에게 온전히 집중하고 계시기 때문입니다.

> 여호와여 주께서 나를 살펴보셨으므로 나를 아시나이다. 주께서 내가 앉고 일어섬을 아시고 멀리서도 나의 생각을 밝히 아시오며 나의 모든 길과 내가 눕는 것을 살펴보셨으므로 나의 모든 행위를 익히 아시오니 시편 139:1-3

하나님은 우리에게서 한시도 눈을 떼지 않고 집중하고 계십니다. 그래서 우리 역시 하나님께 온전히 집중하기를 원하시는 것입니다.

사랑을 표현하는 가장 좋은 방법은 상대에게 집중하는 것입니다. 우리는 누군가와 사랑에 빠지면 하루 종일 그 사람만 생각하게 됩니다. 그런데 상대의 마음이 내가 아닌 다른 사람을 향하고 있다면 마음속에서 질투가 불같이 일어날 것입니다. 하나님과 우리의 관계도 이와 마찬가지입니다.

예배를 드릴 때 하나님은 우리에게 완전히 집중하고 계십니다. 그런데 우리가 졸음과 잡념과 망상에 사로잡힌 예배를 드린다면 하나님이 기뻐하시겠습니까?

우리가 자동으로 초점이 맞춰지는 카메라처럼 자동적으로 하나님께 초점이 맞춰지면 얼마나 좋겠습니까? 그러나 불행히도 하나님을 향한 우리의 초점은 흐려지기 쉽습니다. 그래서 의지적으로, '뜻'을 다하여 하나님께 집중하겠다고 결단해야 하는 것입니다. 그렇지 않으면 초점이 흐려지기 마련입니다.

셋째, 이렇게 온 마음과 정성과 뜻과 힘을 다하여 하나님을 예배할 때 우리에게 돌아오는 것은 무엇입니까? 그 중 최고는 예배 중에 하나님의 임재를 경험하는 것입니다.

사도요한은 전도를 하다가 밧모라는 섬에 유배되었지만 주일을 맞아 하나님께 예배하기 위해 엎드렸습니다.

주의 날에 내가 성령에 감동되어 내 뒤에서 나는 나팔 소리 같은 큰 음성을 들으니 요한계시록 1:10

그런데 예배를 드리다가 나팔 소리같은 주의 음성을 듣게 되었습니다.

이 일 후에 내가 보니 하늘에 열린 문이 있는데 내가 들은 바 처음에 내게 말하던 나팔 소리 같은 그 음성이 이르되 이리로 올라오라 이 후에 마땅히 일어날 일들을 내가 네게 보이리라 하시더라 요한계시록 4:1

그 후 사도요한은 하늘 문이 열리는 것을 경험하게 됩니다.

내가 곧 성령에 감동되었더니 보라 하늘에 보좌를 베풀었고 그 보좌 위에 앉으신 이가 있는데 요한계시록 4:2

사도요한은 예배 중에 하늘 보좌에 앉으신, 살아계신 하나님을 보고 경험했습니다.

이처럼 예배의 영광, 예배의 가장 큰 축복은 예배 중에 하나님의 임재를 경험하는 것입니다. 말씀 시간에는 말씀으로 다가오셔서 만나 주시고, 찬양 시간에는 찬양 중에 임하셔서 만져 주시고, 기도 시간에는 성령으로 임하셔서 개인적으로 말씀하여 주시는 하나님을 만나는 것이 바로 예배자의 행복이자 축복입니다.

"영광의 하나님 아버지, 우리가 예배드릴 때마다 하나님의 영광이 가득 찬 예배, 변화산에 임하였던 쉐키나shekinah의 광채가 발發하는 예배, 두 손을 들고 찬양하는 모든 성도가 영적인 감격으로 인하여 가슴이 터지는 예배, 그리고 이러한 예배의 감격이 성도의 삶속에서 구체적으로 능력 있게 나타나는 예배가 되게 하옵소서. 매주 드리는 예배시간이 일주일의 시간 가운데 절정climax의 순간이 되게 하시며, 그러한 예배가 생활예배와 일터예배로 이어지게 하소서."

우리는 이러한 마음으로 기도하며 예배하는, 하나님이 기뻐하시는 예배자가 되어야 합니다. 더불어 마지막으로 강조하고 싶은 것은 예배가 전도의 출발점이자 도착점이라는 사실입니다. 즉 하나님을 모르던 한 영혼이 하나님을 만나 기뻐 춤추며 예배하는 광경을 보는 것이 전도자의 기쁨이자 목적인 것입니다. 생각만 해도 가슴 벅차지 않습니까? 그러므로 참된 전도자가 되기 위해서는 먼저 참된 예배자가 되어야 합니다.

"다함께 외쳐 봅시다! 전도하면 전도된다!"

전도 바로 알기 강의 10

> **묵상말씀** 너희는 너희가 하나님의 성전인 것과 하나님의 성령이 너희 안에 계시는 것을 알지 못하느냐_고전 3:16

중생(예수님을 만나게 되면)

1. 칭의 - 롬 3:24

2. 하나님의 자녀 - 요 1:12

3. 성령의 내주 - 고전 3:16

성령에 대한 4가지 명령

1. 성령을 _____하지 말라

   ■ 엡 4:30

   ■ 내주하시는 성령

   ① _____

   ② _____

2. 성령을 _____말라

   ■ 살전 5:19

3. 성령의 _____

   ■ 갈 5:16

4. 성령의 _____ 받으라
  ■ 엡 5:18

성령의 사람으로 살기 위해

1. _____을 가까이 해야 한다.
  ■ 행 1:2-3

2. 성령이 임하는 _____에 모여야 한다.
  ■ 행 1:13-14

3. 전심으로 _____해야 한다.
  ■ 행 1:14

나 눔

❶ 10장의 글과 강의를 읽으면서 전도에 대한 생각이나 관점이 바뀐 점이 있다면 나누어 봅시다.

❷ 배우고 느낀 점을 어떻게 실제 전도에 적용할 것인지 나누어 봅시다.

❸ 지금 복음을 들어야 할 사람이 떠오른다면 그 사람을 위해서 기도합시다.

11

새가족정착률90%의비밀

모든 것이 하나님께로서 났으며 그가 그리스도로 말미암아 우리를 자

기와 화목하게 하시고 또 우리에게 화목하게 하는 직분을 주셨으니

곧 하나님께서 그리스도 안에 계시사 세상을 자기와 화목하게 하시며

그들의 죄를 그들에게 돌리지 아니하시고 화목하게 하는 말씀을 우리

에게 부탁하셨느니라 고린도후서 5:18-19

이르시되 우리가 다른 가까운 마을들로 가자 거기서도 전도하리니 내

가 이를 위하여 왔노라 하시고 마가복음 1:38

내가 복음을 전할지라도 자랑할 것이 없음은 내가 부득불 할 일임이라

만일 복음을 전하지 아니하면 내게 화가 있을 것이로다 고린도전서 9:16

오직 성령이 너희에게 임하시면 너희가 권능을 받고 예루살렘과 온
유대와 사마리아와 땅 끝까지 이르러 내 증인이 되리라 하시니라
사도행전 1:8

전도는 주님께서 이 땅에 오신 목적^{막 1:38}이며, 구원의 은혜를 먼저 받은 성도의 사명^{고전 9:16}이고, 주님의 지상명령^{행 1:8}입니다. 그런데 안타까운 현실은 교회를 어렵게 찾아 온 새가족의 정착률이 매우 저조하다는 것입니다. 한 보고에 따르면, 한국 교회의 새가족 정착률은 15% 미만이라고 합니다.

한국 교회는 하나님의 은혜로 대단한 성장을 이루었으며, 현재는 880만 명의 성도를 자랑하고 있습니다. 그런데 어느 통계를 보니, 교회에 왔다가 낙심하여 현재는 교회를 다니지 않는 사람의 수가 약 1,200만 명이나 된다고 합니다. 이러한 통계는 한국 교회가 한 사람을 전도하여 교회로 데리고 오는 일까지는 성공했지만, 교회 공동체에 그 사람을 안정적으로 정착시키는 일에는 실패했다는 사실을 잘 보여 줍니다.

새가족이 처음으로 교회에 나올 때, 교회로부터 받기 원하는 것은 무엇일까요? 그것은 아마도 사랑과 관심일 것입니다. 대부분의 새가족이 교회에 잘 정착하지 못하는 이유는 첫째가 교인들의 무관심이고, 둘째는 새가족이 편안하게 예배드릴 수 있도록 돕는 사람과 프로그램이 없다는 것이고, 셋째는 새가족을 양육하기 위한 기존 교인의 헌신과 훈련이 부족하다는 것입니다. 그리고 마지막으로 넷째는 교회의 구조가 새가족이 기존 교인과 자연스럽게 연결될 수 있는 구조가 아니라는 것입니다. 따라서 교회는 이러한 점을 고려하여 기존 교인과 새가족이 서로에게 사랑과 관심을 주고받을 수 있는 방향으로 구조를 전환해야 합니다.

게리 W.쿠네는 그의 책 『개인적 새가족 양육의 원동력』에서 새가족 관리와 양육에 있어서 일대일이 아닌 '공동의 관심'이 얼마나 비효율적인지에 대해 이야기하고 있습니다.

그는 "청년 수양회에 온 대부분이 구원을 위한 초청에 응하는 것을 보고 매우 기뻐했지만, 시간이 지나면서 단지 수양회에서의 결과로 기뻐할 것이 아님을 알게 되었습니다. 그 이유는 그때 영접한 사람들이 더 이상 교회에 오지 않았기 때문입니다. 사역자들이 성도들에게 전도의 본질에 대해서는 가르쳤지만, 새가족이 그리스도 안에서 성장하도록 돌봐 주어야 한다는 것은 가르치지 않은 것이 큰 실수였습니다."고 지적하고 있습니다. 그 후 영화를 통한 전도로 천 명에 가까운 사람들이 구원을 위한 초청에 응답했지만, 그 중에서 신앙의 길로 들어선 사람은 20명밖에 안되는 현실을 보고 크게 실망했다고 말합니다. 그는 한 교회를 대상으로 통계를 낸 결과, 10년간 약 600명의 사람이 예수님을 믿기로 작정했는데 그들 중 진심으로 신앙을 고백하게 된 사람은 100명이 안된다는 사실을 알았습니다. 이로 인해 게리 쿠네는 새가족 양육의 필요성을 절감하게 되었고, 이 일에 매진하여 새가족 정착율을 75%까지 끌어올렸습니다.

새가족이 교회에 와서 새로운 환경에 적응하기까지는 많은 어려움이 있습니다. 이때 중간 역할을 하는 성도가 반드시 필요합니다.

이제는 전에 멀리 있던 너희가 그리스도 예수 안에서 그리스도의 피로 가까워졌느니라 에베소서 2:13

우리의 중보자이신 예수님은 죄로 말미암아 하나님과 멀어진 우리를 위해 십자가를 지심으로 하나님과 우리가 다시 가까워질 수 있게 해주셨습니다.

모든 것이 하나님께로서 났으며 그가 그리스도로 말미암아 우리를 자
기와 화목하게 하시고 또 우리에게 화목하게 하는 직분을 주셨으니
곧 하나님께서 그리스도 안에 계시사 세상을 자기와 화목하게 하시며
그들의 죄를 그들에게 돌리지 아니하시고 화목하게 하는 말씀을 우리
에게 부탁하셨느니라 고린도후서 5:18

이러한 예수님께서 우리에게 중보의 직책을 부여해 주셨습니다.

눈이 많이 오는 어느 추운 겨울 날, 어느 집사님이 남의 집 담 밑
에서 30분 동안 무릎을 꿇고 통곡을 하고 있었습니다. 마침 그곳을
지나가던 전도사님이 이유를 묻자 그 집사님은 바로 앞집을 가리
키면서 이렇게 대답했습니다.

"저에게 맡겨 주신 새가족의 집인데 제가 밤낮으로 기도하고 애
를 써도 정착이 안 돼요. 오늘도 찾아왔는데, 문을 열어 주지 않아
답답해서 하나님께 기도하고 있는 중이예요."

보통 교인이라면 그냥 마음 아픈 정도로 끝났을 텐데, 무엇이 그
녀를 추운 겨울에 새가족의 집 앞에서 무릎을 꿇고 통곡하며 기도

하게 했을까요? 그것은 새가족을 향한 하나님의 마음을 알았기 때문입니다.

이처럼 교회에 새가족을 위한 프로그램이 많은 것 보다 어떤 마음으로 새가족을 대하는가가 가장 중요합니다. 또한 하나님이 새가족을 향해 어떤 마음을 가지고 계신지를 잘 아는 것도 중요합니다.

> 나를 보내신 아버지께서 이끌지 아니하시면 아무도 내게 올 수 없으니 오는 그를 내가 마지막 날에 다시 살리리라 요한복음 6:44

세상에 우연히 되는 일은 없습니다. 참새 한 마리가 땅에 떨어지는 것도 하나님의 뜻 안에서 일어나는 일이며 풀 한 포기가 나고 지는 것도 하나님의 뜻 안에서 이루어지는 일입니다. 그러므로 천하보다 귀한 한 영혼이 교회를 찾아오는 것은 절대로 우연이 아닙니다. 새가족이 스스로 왔든, 누군가의 인도로 왔든가에 상관없이 그 영혼은 하나님이 보내 주신 영혼입니다. 이 사실을 분명히 알 때 새가족을 대하는 모든 교인의 태도가 달라질 것입니다.

한편 새가족은 영적으로 어린아이와 같습니다.

형제들아 내가 신령한 자들을 대함과 같이 너희에게 말할 수 없어서 육

신에 속한 자 곧 그리스도 안에서 어린아이들을 대함과 같이 하노라

고린도전서 3:1

갓 태어난 어린아이에게 제일 먼저 필요한 것은 어머니의 사랑
과 젖입니다. 마찬가지로 영적으로 어린아이인 새가족에게 제일
먼저 필요한 것도 기존 교인의 사랑과 관심입니다.

내가 너희를 젖으로 먹이고 밥으로 아니하였노니 이는 너희가 감당하

지 못하였음이거니와 지금도 못하리라 고린도전서 3:2

영적으로 어린아이인 새가족을 대할 때는 젖먹이를 다루는 어
머니의 마음이 필요합니다. 다시 말해 예수님의 뜨거운 사랑을 품
은 사람이 새가족을 돌볼 때 그 효과가 가장 크다는 것입니다.

새가족 이해를 위한 「아기의 7가지 특징」

1. 아기는 스스로 아무것도 할 수 없다.

2. 아기는 항상 자신이 관심의 중심이 되기를 바란다.

3. 아기는 기본적인 욕구를 채움 받지 못하면 울거나 우울해진다.

4. 아기는 병균에 저항력이 약하다.

5. 아기는 자신의 감정을 솔직하게 표현한다.

6. 아기는 순수한 마음으로 세상을 본다.

7. 아기는 새로운 환경에 대한 두려움과 스트레스를 가지고 있다.

따라서 이러한 새가족에게 필요한 사람은 가르치는 선생이 아니라 사랑으로 젖을 주는 유모나 아비같은 사람입니다.

그리스도 안에서 일만 스승이 있으되 아버지는 많지 아니하니 그리스도 예수 안에서 내가 복음으로써 너희를 낳았음이라 고린도전서 4:15

우리는 그리스도의 사도로서 마땅히 권위를 주장할 수 있으나 도리어 너희 가운데서 유순한 자가 되어 유모가 자기 자녀를 기름과 같이 하였으니 우리가 이같이 너희를 사모하여 하나님의 복음뿐 아니라 우리의 목숨까지도 너희에게 주기를 기뻐함은 너희가 우리의 사랑하는 자 됨이라 데살로니가전서 2:7-8

데살로니가 성도들을 돌보는 바울의 모습은 유모와 같고, 아비와 같은 모습이었습니다. 바울처럼 새가족을 돌보는 평신도 사역자는 가르치는 선생이 아닌 사랑의 젖을 주고 그리스도의 마음으로 희생하는 유모나 아비같은 사람이어야 합니다.

효과적인 새가족 정착을 위해서 우리교회에서는 다음과 같은 방법으로 사역을 하고 있습니다.

우선, 등록하기 전이라도 처음 교회를 방문한 새가족이라면 교회를 편안하게 느끼도록 도와주어야 합니다. 이를 위해 주차 안내, 현관 안내, 예배당 안내와 같이 도우미를 곳곳에 배치하고 있습니다.

두 번째로 신속하게 등록을 진행해야 합니다. 방문자를 첫 주에 붙잡지 못하면 75%는 놓치게 됩니다. 그러므로 새가족이 첫 주부터 교회에 호감을 가지고 꾸준히 나올 수 있도록 노력해야 합니다.

다음으로, 새가족이 빠져 나갈 틈을 주지 않기 위해서 예배 후에 바로 새가족부가 새가족을 새가족부실로 인도해야 합니다. 그리고 새가족이 방으로 안내되자마자 준비된 대로 새가족 환영순서를 가집니다. 이를 위해서 새가족부는 호흡이 잘 맞는 팀으로 구성해야 합니다영접위원, 식사담당, 사진담당, 새가족부 부장, 등록부, 서신발송부.

더불어 주일뿐만 아니라 평일에도 새가족을 먼저 찾아가야 합니다. 새가족과 일주일에 한 번 이상 평일에 만나 교제해야 합니다. 예를 들어 첫 주는 사역자와 간단히 식사를 하거나 차를 마시면서 교제하고, 둘째 주는 새가족의 집을 방문하거나 직장 근처를 찾아가서 교제를 할 수 있습니다. 이때 사역자가 새가족을 위해 간단한 선물을 준비하는 것도 좋습니다.

또한 토요일에는 반드시 안부전화를 걸어야 합니다. 그리고 주일에 함께 교회에 가기로 약속합니다. 이는 주일예배에 나오도록 독려하기 위한 목적도 있지만, 새가족으로 하여금 교회에 가면 아는 사람이 있다는 편안한 마음을 가지게 하기 위함입니다.

어떤 글을 보니 새가족이 교회를 찾아오는 것은 새벽기도를 한 번도 나오지 않던 교인이 크게 마음먹고 새벽기도를 나오는 것과 같은 일이라고 합니다. 이 말은 새가족이 아는 사람이 한 명도 없는 교회에 찾아오는 것은 그만큼 쑥스럽고 힘든 일이라는 뜻입니다. 그런데 아는 사람이 교회 앞에서 자신을 기다리고 있다면 새가족에게 얼마나 큰 힘이 되겠습니까?

다음으로 새가족이 예배를 온전히 드릴 수 있도록 도와주어야 합니다. 새가족에게는 모든 것이 어색하지만 특히 예배에 대한 부담감이 있습니다. 이때 친구같은 교인 한 사람이 옆에 앉아서 예배드리는 내내 도움을 준다면 편안하게 예배를 드릴 수 있을 것입니다.

뿐만 아니라 함께 믿음생활을 할 지체들을 가능한 한 빨리 소개시켜 주어야 합니다. 미국의 교회성장연구소 원안박사는 한 사람을 공동체에 빠른 시간 내에 적응시키려면 공동체에서 최소한 6명의 친구를 재빨리 소개시켜 주어야 한다고 했습니다. 그러므로 예배를 마치자마자 사역자는 새가족에게 또래 친구나 새가족이 속할 소그룹 사람들을 소개시켜 주어야 합니다.

더불어 무엇보다 중요한 것은 중보기도를 병행하는 것입니다. 특별히 사역자는 새가족을 위해 온힘을 다해 기도해야 합니다. 새가족이 교회에 나오기로 결단한 순간부터 사탄의 여러 가지 방해가 시작되며 이 영적 싸움에서 승리하실 분은 하나님밖에 없기 때문입니다.

그리고 마지막으로 보고를 해야 합니다. 새가족의 세심한 관리를 위해 새가족과의 만남과 그 외의 사역들에 대해 반드시 목사님에게 보고해야 합니다.

전도 바로 알기 강의 11

묵상말씀 구하는 이마다 받을 것이요 찾는 이는 찾아낼 것이요 두드리는 이에게는 열릴 것이니라_마 7:8

전도와 기도

1. 기도하고 싶은 _____이 들었을 때 즉각 _____하면 _____가 일어 난다.

2. 관계보다 중요한 것은 _____이다.

   마 7:7-8

   마 15:21-28

   눅 11:5

   눅 11:7

   눅 11:8

   눅 18:7

3. _____기도는 반드시 응답된다.

   ■ 기도의 응답

   ① Yes

   ② Yes and More

   ③ Yes but wait

   ④ No

   ⑤ No but other

4. 중보기도는 _____를 _____로 변화시킨다.

5. 중보기도는 _____을 변화시킨다.
 ■ 렘 29:7

6. 중보기도는 하나님의 _____을 바꾼다.

나 눔

❶ 11장의 글과 강의를 읽으면서 전도에 대한 생각이나 관점이 바뀐 점이 있다
면 나누어 봅시다.

❷ 배우고 느낀 점을 어떻게 실제 전도에 적용할 것인지 나누어 봅시다.

❸ 지금 복음을 들어야 할 사람이 떠오른다면 그 사람을 위해서 기도합시다.

부흥하는 교회의 조용한 심장 – 바나바

개인주의가 갈수록 심해지고, 인간관계가 삭막해져 가는 요즘 시대에 특히 그리워지는 성경의 인물이 있습니다. 바로 다윗의 친구이자 사울 왕의 아들인 '요나단'이라는 인물입니다. 그는 사울 왕의 뒤를 이어 이스라엘의 왕이 될 왕자였습니다. 그런 그에게 다윗은 권력의 라이벌이었습니다. 그러나 힘을 가지고 있던 요나단은 다윗을 죽일 기회가 여러 번 있었지만 친구와의 우정을 지키기 위해 스스로 왕의 자리를 포기했습니다.

인간관계의 신뢰가 사라져 가는 안타까운 시대를 살아가면서 이러한 요나단의 진실함은 감동스럽게 다가옵니다. 신약성경에는 이와 비슷한 인물이 또 한 사람 나옵니다. 바로 세례 요한입니다.

세례 요한은 예수님보다 먼저 부르심을 받아 활동하던 사람이었습니다. 그래서 요한은 예수님이 본격적으로 활동하기 이전에 이미 많은 무리와 제자들을 데리고 사역하고 있었습니다. 그런데 예수님이 갑자기 등장해서 복음을 선포하기 시작했고, 요한의 제자들을 비롯한 많은 사람들이 예수님을 따르기 시작했습니다. 이를 보고 위기의식을 느낀 요한의 제자가 대책을 세워야 한다고 제안하자 요한은 "그는 흥하여야 하겠고 나는 쇠하여야 하리라."고 말하면서 자신을 낮추었습니다.

세례 요한은 자신의 영광과 유익보다는 하나님의 영광과 유익을 먼저 생각하는 사람이었기에 그렇게 행동할 수 있었습니다. 그런데 앞서 말한 요나단과 세례 요한같은 사람이 신약성경에 한 사람 더 있습니다. 그는 앞의 두 사람처럼 두드러지지는 않아도 이 두 사람의 장점을 모두 가지고 있던 사람입니다. 바로 '바나바'라는 사람입니다.

어느 날, 교회를 모질게 핍박하던 사울이 개종하여 예루살렘 교회의 새가족이 되었습니다. 그런데 안타깝게도 예루살렘 교회의 교인 중 어느 누구도 새가족인 사울에게 다가오지 않았습니다. 교회를 핍박하던 그의 명성 때문이었습니다. 사울은 교회의 새가족이 되면서 외톨이가 된 것입니다. 사울이 계속 이렇게 외톨이로 지

낸다면 교회를 떠나는 것은 시간문제가 아니겠습니까? 그런데 바로 그때 바나바가 사울에게 다가갔습니다. 그러고는 그를 예루살렘 교회의 기존 교인들에게 소개시켜 주면서 좋은 관계를 맺을 수 있도록 도와주었습니다. 징검다리 역할을 한 것입니다. 마침내 사울은 바나바의 도움으로 교회에 정착하여 교인들과 교제를 할 수 있었습니다. 뿐만 아니라 바나바는 사울이 이방 사람들에게 복음을 전하는 사역자의 길을 갈 수 있도록 문을 열어 줌으로써 회심한 사울이 기독교 역사상 가장 위대한 대사도 바울이 될 수 있도록 이끌어 주었습니다.

폭스 잭슨이라는 신학자는 바나바에 대해서 이렇게 말하고 있습니다.

"바나바는 신약성경에서 가장 매력적인 인물 중 한 명이다. 그는 남의 장점을 찾아내는 은사를 가지고 있었다. 재능으로는 바울보다 못했을지 모르나, 크리스천의 덕으로는 더 우월했다. 그는 질투를 모르고 남의 허물을 용서했으며, 남의 장점을 보기에 빨랐고 형제간의 평화를 위해 타협하기를 주저하지 않았다. 역사상 바울은 세계 교회의 진보에 공헌한 바가 컸지만, 바나바는 초대교회를 살맛나게 만들어 준 사람이었다. 우리가 바울의 위대함을 기억하는 것처럼 바나바와 사람을 세우는 그의 사역 역시 절대로 잊어서는 안 될 것이다."

요즘처럼 각박한 시대에도 각 교회마다 초대교회의 바나바 같은 성도가 있다면, 교회는 부흥할 수 있습니다. 겉으로 드러나게 사역하는 바울과 같은 성도만 있고, 안에서 조용히 사역하는 바나바와 같은 성도가 없다는 것이 현대교회의 문제라고 할 수 있습니다. 즉, 바나바는 부흥하는 교회에 새로운 피를 돌게 하는 심장과 같습니다.

여기서 우리교회의 바나바 사역을 잠깐 소개하자면, 우리교회는 새가족이 오면 예배 후 새가족실에서 담임목사와 면담을 갖습니다. 이때 신앙경력 등에 대해 간단하게 물어보면서 바로 심방 날짜를 잡습니다. 지금까지의 목회 경험상 새가족이 등록을 한 후, 교역자가 바로 심방을 하지 않으면 그 새가족의 정착률은 상당히 낮습니다. 새가족이 등록하고 몇 주 내에 담임목사의 심방을 받는 것은 새가족의 교회 정착과 신앙생활에 큰 영향을 미칩니다. 더불어 우리교회는 심방을 할 때 해당 선교회 회장, 속장, 바나바 등이 동행하여 새가족과 친분을 쌓도록 합니다.

이처럼 담임목사와의 면담 시간에 심방 날짜를 잡으면서 동시에 새가족과 바나바를 연결시켜 줍니다. 이것이 첫 주에 새가족실에서 행해지는 가장 중요한 일입니다. 바나바는 보통 비슷한 연령의 동성으로 교회 내에서 친구처럼 지낼 수 있는 성도를 연결시켜 줍니다. 이렇게 연결된 바나바는 주중에 전화나 만남을 통해 관계를 유지하면서 교회생활에 잘 적응할 수 있도록 도와주는 도우미 역할을 합니다.

그리고 새가족이 정착될 무렵에는 바나바 팀장이신 임성이 장로님과 김연배 장로님이 정성껏 대접해 주시는 토요일 오찬과 함께 새가족과 교제하고, 다음 날 주일에 있는 환영식에서는 성경합본(김연배, 임성이 장로님 가정이 제공하며 2015년 4월 현재 약 1,300권을 기증하심)과 담임목사와 찍은 사진을 선물하면서 환영의 시간을 갖습니다. 이 환영회의 의미는 이제 더 이상 새가족이 아닌 교회의 한 식구가 되었음을 알리는 것입니다.

그럼 이제 성경에 나오는 바나바의 모습을 더 살펴보면서, 어떻게 하면 새가족을 위해 세워진 바나바가 초대교회의 바나바처럼 교회를 세울 수 있을지 고민해 보겠습니다.

첫째, 바나바는 영혼을 소중히 여기는 사람이었습니다.

사도행전 9장을 보면 예수를 믿는 사람은 닥치는 대로 잡아 가두고 죽이던 사울이라는 청년이 예수님을 만나 변화되는 장면이 나옵니다. 이후 바울은 예수님을 증거하는 전도자가 되었지만 예루살렘 교인들은 아무도 이런 바울을 믿어주지 않았습니다. 사도행전 9장 27절을 보면 바로 그때 바나바가 등장하여 바울에 대해 보증을 서줍니다.

> 바나바가 데리고 사도들에게 가서 그가 길에서 어떻게 주를 보았는지와 주께서 그에게 말씀하신 일과 다메섹에서 그가 어떻게 예수의 이름으로 담대히 말하였는지를 전하니라 사도행전 9:27

바나바는 이렇게 말했습니다.

"여러분, 이 사람은 예수님을 믿고 변화되었습니다. 이제 더 이상 어제의 사울이 아닙니다. 제가 보증합니다."

이러한 바나바의 보증 덕분에 바울은 사도로서의 첫발을 내딛을 수 있었습니다. 바나바는 이렇듯 궁지에 몰린 사람을 변호하고, 도와주고, 감싸주는 마음을 가진 사람이었습니다.

사도행전 15장을 보면 바울이 제2차전도여행을 떠날 때, 마가를 데리고 가려 하지 않았습니다. 그 이유는 마가가 제1차전도여행 중간에 충동적으로 바울을 떠났기 때문입니다. 그래서 바울은 전도여행에 짐이 될 수 있는 마가를 제외시키려 했던 것입니다. 그러나 이때 바나바는 그의 의견에 반기를 들며 자신이 마가를 데리고 따로 전도여행을 떠나겠다고 했습니다. 한번 실패했음에도 불구하고 바나바의 변함없는 사랑과 신뢰를 받은 마가는 시간이 흘러 훌륭한 하나님의 일꾼으로 성장하였으며 결국 사도 바울의 든든한 동역자가 되었습니다.

이 시대에 정말로 필요한 사람은 바로 이런 바나바와 같은 성도입니다. 바나바의 마음은 사람을 사랑하는 마음과 한 영혼을 지극히 소중히 여기는 마음으로 가득 차 있었습니다.

만약 교회 안의 동역자를 주님의 뜨거운 사랑으로 이해하고 관심을 가져 주며 기도로 도우면서 교회 밖의 영혼을 향해서는 긍휼한 마음을 품고 그리스도를 전하는 바나바와 같은 성도가 있다면 지금 이 시대에도 교회는 부흥할 수 있습니다.

다음으로 바나바는 다른 사람을 잘 격려하고 위로하며 칭찬하는 사람이었습니다.

사도행전 4장 36절을 보면 바나바의 본래 이름이 '요셉'이라고 나옵니다.

구브로에서 난 레위족 사람이 있으니 이름은 요셉이라 사도들이 일컬어 바나바라(번역하면 위로의 아들이라)하니 _사도행전 4:36_

'바나바'라는 이름은 초대교회가 그에게 붙여준 별명이었습니다. 여기서 '바나바'는 '위로의 사람, 격려의 사람, 사람을 세우는 사역자'라는 뜻입니다. 요셉은 언제나 사람을 세워주고 격려하며, 용기를 북돋워 주고 칭찬하는 삶을 살았기에 본명보다 별명인 바나바로 더 많이 불리고, 기억되었습니다.

또한 사도행전 4장 36절에는 "번역하면 위로의 아들이라"고 기록되어 있는데 이는 다른 번역본에서는 "번역하면 권위자라"고 기록되어 있습니다. 여기서 권위자라는 말은 '권위를 부리는 자'라는 뜻이 아니라, 勸권할 권, 慰위로할 위, 子자식 자라는 뜻으로 '격려와 위로의 사람'이라는 뜻입니다. 이처럼 초대교회 성도들은 바나바를 통해 큰 위로와 격려와 힘을 얻었습니다. 지금 이 시대에도 '바나바'와 같은 사람이 필요합니다. 뉴스, 신문, 인터넷을 보면 격려와 위로의 말보다는 비난과 비판으로 도배되어 있습니다. 삶의 현실을 들여다보더라도 남을 세워주기보다는 깎아 내리는 일이 더 많습니다. 이것은 교회 안에서도 예외가 아닙니다.

신앙생활을 시작한 지 얼마 안되는 성도들이 가장 이해하기 힘들어 하는 점이 바로 기존 교인들의 언어폭력입니다. 즉, 남을 비난하고 공동체를 비판하며 무례하게 하는 말입니다. 새가족이 교회에 나와 기존 교인들의 모임인 소그룹, 사역팀에 들어갔다가 다시는 교회에 나오지 않겠다고 결심하게 되는 이유는 대부분 모임에서 다른 사람을 헐뜯고 비난하는 기존 교인들의 말 때문입니다.

지혜자의 입의 말은 은혜로우나 우매자의 입술은 자기를 삼키나니 그 입의 말의 시작은 우매요 끝은 광패니라 전도서 10:12-13

본문에서 어리석은 자의 특징은 '우매한 말을 하는 것'이며, 결국에는 미친 사람처럼 함부로 소리치게 된다는 것입니다.

미련한 자는 분노를 당장에 나타내거니와 슬기로운 자는 수욕을 참느니라 잠언 12:16

반면 믿음의 성숙은 언어의 변화를 통해서 드러납니다. 지혜로운 사람, 믿음의 사람은 영혼을 살리는 말을 합니다. 믿음이 있는 사람은 같은 말을 하더라도 용기를 주고, 소망을 주는 말을 합니다. 그러나 믿음이 성숙하지 못한 사람은 말을 절제하지 못하고 함부로 말합니다. 뿐만 아니라 칼로 찌르는 것처럼 상대방을 좌절시키는 말을 즐겨 내뱉습니다. 우리는 바나바처럼 항상 사람들에게 위로와 격려를 아끼지 않으며, 사람을 세워주는 말을 즐겨하는 믿음의 사람이 되어야합니다.

마지막으로 바나바는 하나님의 영광을 가장 우선순위로 삼았습니다. 사도행전 11장을 보면 바나바가 안디옥 교회의 사역자로 초청을 받았는데, 부임 이후 교회가 엄청나게 부흥하기 시작했습니다. 수많은 사람들이 몰려오면서 바나바를 도울 사람이 필요하게 되었습니다.

이때 바나바는 주저 없이 자신보다 뛰어난 실력과 영성을 갖춘 바울을 안디옥 교회로 초청해서 함께 목회를 했습니다. 이것은 인간적인 관점에서 보면 쉬운 일이 아닙니다. 왜냐하면 교회 안에서 자신의 명성과 지지도가 한순간에 바울에게로 향할 수 있기 때문입니다. 실제로 성경을 보면 놀라운 사실을 발견할 수 있습니다. 성경에서는 이름의 순서가 곧 그 사람의 지위와 서열 등을 의미하는

데, 그 전까지는 항상 '바나바와 바울'로 기록되다가 사도행전 13장에서 바울이 안디옥 교회로 온 이후에는 '바울과 바나바'로 순서가 바뀌어 기록됩니다.

바나바는 바울을 초청함으로 인해 자신의 명성과 지지도에서 손해를 입었지만 하나님 나라의 확장과 하나님의 영광 외에는 아무것도 상관하지 않았습니다. 그저 이름도 없이 빛도 없이 감사하며 주를 섬길 뿐이었습니다. 나아가 묵묵히 바울의 뒤에서 사명을 감당했습니다.

오늘날 그리스도인 중에는 하나님의 영광이 아니라 자신의 영광을 앞세우며 사는 사람이 많이 있습니다. 주님이 주신 사명을 감당하면서 주의 이름을 빛내기보다는 자신의 이름을 빛내기를 좋아하는 사람이 많습니다. 그러나 성경을 보면 섬기는 자가 섬김을 받게 될 것이고, 남을 대접하는 자가 대접을 받게 되며, 죽는 자가 살게 되고, 겸손한 자가 높아질 것이라고 기록되어 있습니다. 또한 고난의 십자가를 지는 자가 부활의 영광에 참여하게 될 것이고, 자신을 낮추고 주 예수 그리스도를 높이는 자가 높여질 것이며, 몸 된 교회를 위하여 희생하는 자가 결국 교회를 통해서 주시는 하나님의 축복을 받게 된다고 말합니다.

지금 이 시대는 바나바와 같은 사람을 필요로 하고 있습니다. 우리 모두가 바울처럼 될 수는 없지만, 바울을 만들어 낸 바나바와 같은 성도는 될 수 있습니다.

"다함께 외쳐 봅시다! 전도하면 전도된다!"

전도 바로 알기 강의 12

묵상말씀 바나바는 착한 사람이요 성령과 믿음이 충만한 자라 이에 큰 무리가 주께 더하더라_행 11:24

성경속의 바나바

1. 바나바의 인격

① 바나바는 _____와 _____의 사람으로 새가족을 위로하고 칭찬하는 일을 하는 사람입니다.

② 바나바는 착한 사람으로 선한 양심을 가지고 _____일에 열매를 맺는 사람입니다.

③ 바나바는 예수님을 닮은 중보자로 사람과 사람 사이를 _____하게 하는 사람입니다.

④ 바나바는 사람을 _____ 하지 않고 긍정적으로 바라보는 사람입니다.

⑤ 바나바는 말만하는 사람이 아니라 말없이 _____하는 사람입니다.

⑥ 바나바는 그의 신앙과 삶이 교회와 이웃에게 _____받는 사람입니다.

⑦ 바나바는 하나님의 일을 할 때 독점하지 않고 다른 사람과 _____하는 사람입니다.

⑧ 바나바는 동역하는 사람을 돌아보며 희생하고 _____하는 사람입니다.

2. 바나바의 신앙

① 바나바는 성령으로 충만하여 성령의 _____으로 주님의 일을 감당하는 사람입니다.

② 바나바는 _____이 충만하여 사람보다 하나님을, 현세보다 내세를, 보이는 것보다 보이지 않는 것을 귀하게 여기는 사람입니다.

③ 바나바는 금식하며 _____하는 사람입니다.

④ 바나바는 교회와 성령님 앞에 늘 _____하는 사람입니다.

⑤ 바나바는 신령한 눈과 마음으로 하나님을 보는 사람입니다.

⑥ 바나바는 자신의 재물과 몸, 삶을 아낌없이 주님께 드린 _____적인 사람입니다.

⑦ 바나바는 많은 무리를 가르칠 수 있을 정도로 _____을 많이 아는 사람입니다.

나 눔

❶ 12장의 글과 강의를 읽으면서 전도에 대한 생각이나 관점이 바뀐 점이 있다면 나누어 봅시다.

❷ 배우고 느낀 점을 어떻게 실제 전도에 적용할 것인지 나누어 봅시다.

❸ 지금 복음을 들어야 할 사람이 떠오른다면 그 사람을 위해서 기도합시다.

교회의 허파같은 알파코스

우리교회 알파코스는 매년 봄과 가을에 12주 과정으로 매주 토요일에 진행되고 있습니다. 알파코스의 내용은 예수님은 누구신가, 왜 돌아가셨는가, 어떻게 나의 믿음을 확신할 수 있는가, 어떻게 기도해야 하는가, 어떻게 성경을 읽어야 하는가, 하나님은 어떻게 우리를 인도하시는가 등입니다. 이러한 신앙의 기초적인 부분을 가르치고 나눈 후 7주째 되는 주말에 1박 2일로 '성령님이 누구신가'에 대해 배우며 기도하는 수양회를 가집니다. 그 이후 어떻게 악에 대항할 수 있는가, 왜 전도해야 하는가, 그리고 하나님의 치유 사역과 교회에 대해서 배웁니다. 커리큘럼을 보면 알 수 있듯이 알파코스는 교회에 처음 나온 초신자는 물론 교회를 오래 다녔더라도 복음에 대한 기초적인 지식조차 없는 그리스도인에게 매우 유익하고 효과적인 프로그램입니다. 그래서 수료식을 할 때가 되면 초신자든 기신자든 상관없이 복음에 대해 바로 알게 됨으로 거듭남의 은혜를 깨닫고 누리게 되었다는 간증이 넘쳐납니다.

알파코스는 예수님, 믿음, 성경, 기도, 하나님의 인도하심, 성령, 악, 전도, 하나님의 통치, 교회라는 10가지 주제에 대해서 배움으로 신앙의 기초가 말씀의 반석 위에 든든히 세워지게 할 뿐만 아니라 맛있는 식사, 토크, 생일축하, 유머, 찬양, 토크, 소그룹, 선물 등을 통해 누구라도 감동할 만한 대접을 함으로 교회에 마음을 열고 소속감을 가지게 합니다. 또한 알파코스를 함께 들으면서 신앙 수준이 비슷한 사람들끼리 자연스럽게 공감대와 친밀감이 형성되어 새가족이 교회에 쉽게 정착하도록 도와줍니다. 이것이 알파코스를 '교회의 허파'라고 부르는 이유입니다.

알파코스를 섬기는 스텝은 수료자들 중 지원자를 선별하여 세웁니다. 먼저 알파코스를 듣고 은혜를 받은 성도는 받은 은혜를 나누고 싶어 하기 때문에 기뻐하며 적극적으로 섬깁니다. 그래서 때로는 참가자들이 프로그램이나 교육보다 섬기는 스텝의 표정과 태도를 보면서 더 큰 은혜를 받기도 합니다. 우리교회는 새가족이 알파코스를 통해 거듭나서 교회에 정착하고 다시 기쁨으로 자원하여 알파코스를 섬기는 선순환이 수년째 활발하게 이루어지고 있습니다. 그리고 이것이 교회 성장의 한 원동력이 되었습니다.

스텝 중에는 식사와 간식을 준비하는 만나팀이 있는데, 이 팀은 매주 알파코스가 진행되는 동안 게스트를 포함한 도우미의 식사와 간식을 책임집니다.

날마다 마음을 같이하여 성전에 모이기를 힘쓰고 집에서 떡을 떼며 기쁨과 순전한 마음으로 음식을 먹고 사도행전 2:46

음식을 함께 나누는 것은 서로에게 특별한 의미를 부여합니다. 주님께서도 십자가에 못 박혀 돌아가시기 전에 제자들과 최후의 만찬을 가지셨습니다. 알파코스에 초대된 게스트들은 함께 음식을 먹으면서 서로를 알아가고 기독교적인 우정을 키우게 됩니다. 함께 음식을 먹는다는 것은 원초적이고 일상적인 일 같지만, 사실 초대교회의 중요한 특징 중 하나였습니다. 이처럼 함께 음식을 먹으면서 나누는 소그룹 교제는 알파코스에서 매우 큰 비중을 차지합니다.

이외에도 스텝은 데코팀, 행정팀, 시설팀, 육아팀_{알파코스가 진행되는} 동안 아이를 데리고 온 게스트의 아이를 돌봐 줍니다, 중보기도팀으로 구성되어 각자의 자리에서 알파코스를 섬깁니다.

12주 동안 매주 진행되는 알파코스의 일정은 함께 식사를 하며 교제하는 것으로 시작합니다. 이후 가벼운 이야기를 나누는 즐거운 시간을 가집니다. 그 후 담당 사역자가 나와 그 주의 주제에 관해 강의합니다. 그리고 소그룹별로 주제와 관련한 이야기를 나눕니다. 이때 소그룹 리더는 게스트들이 더 많이 말할 수 있는 분위기를 만들어 주어야 합니다.

우리교회 알파코스 사역은 전도 중심인 교회 사역의 연장선상에 있습니다. 즉 새가족 정착과 양육 사이의 징검다리 역할을 하는 것입니다. 이 징검다리 덕분에 많은 새가족초신자와 기신자 포함이 빠른 기간 내에 교회에 정착하고, 알파코스를 거친 후에는 자연스럽게 교회의 양육과정으로 이어져 교육을 받습니다. 만약 이 징검다리가 없었다면 새가족이 어렵사리 교회에 정착한다 하더라도 대부분 조용히 주일예배만 드리고 사라지는 성도로 남았을 것입니다. 그러므로 교회는 새가족에게는 징검다리같고, 교회에는 허파같은 알파코스를 지혜롭게 활용해야 할 것입니다.

"다함께 외쳐 봅시다! 전도하면 전도된다!"

전도 바로 알기 강의 13

묵상말씀 진리를 알지니 진리가 너희를 자유롭게 하리라_요 8:32

복음의 기초 세우기

1. 처음의 인간

- 창 1:27-28

2. 하나님과 인간의 약속: _____

- 창 2:17

3. 약속의 _____

- 창 3:6

4. _____의 결과

- 롬 3:23
- 엡 2:1
- 엡 2:3
- 히 9:27

5. 죄 문제 해결을 위한 인간의 시도

① 수양_____

② 선행_____ – 딤후 3:5

③ 지혜_____ – 고전 1:21

④ _____ – 롬 3:20

⑤ _____과 _____

6. 하나님의 해결책: _____

- Ruin
- Redemption
- Regeneration

7. 예수님을 영접하는 것이 유일한 생명의 길이다.

영접기도

"예수님 나는 죄인입니다. 이 시간 나의 모든 죄를 회개하여 예수님을 나의 구세주로 나의 마음속에 모셔 들입니다. 하나님의 아들이시며 나의 죄를 대신하여 십자가에서 죽으신 예수님, 내 마음을 여오니 내 속에 들어와 나의 왕이 되어 주십시오. 예수님을 환영합니다. 예수님의 이름으로 기도합니다."

나 눔

❶ 13장의 글과 강의를 읽으면서 전도에 대한 생각이나 관점이 바뀐 점이 있다면 나누어 봅시다.

❷ 배우고 느낀 점을 어떻게 실제 전도에 적용할 것인지 나누어 봅시다.

❸ 지금 복음을 들어야 할 사람이 떠오른다면 그 사람을 위해서 기도합시다.

자녀에서 군사로

십자가의 보혈로 하나님과 원수였던 우리가 하나님의 자녀가 된 것은 상상도 할 수 없는 놀라운 은혜입니다. 그런데 슬픈 것은 많은 성도들이 이 은혜 안에만 만족하며 머물러 있다는 것입니다. 하나님은 물론 우리가 자녀로서의 권세를 누리며 풍성한 삶을 살기 원하시지만 동시에 하나님 나라의 군사로서 승리하는 삶을 살기를 원하십니다. 성도는 하나님께 사랑받는 자녀일 뿐 아니라 사탄과 맞서 싸워 이겨서 이 땅에서 하나님 나라를 세우는 군사로 세워져야 합니다. 자녀로서의 권세와 특권은 예수 그리스도 안에서 거저 받는 것이지만 군사로서 세워지는 데는 시간을 드려 훈련받는 노력이 필요합니다. 즉 시간을 드려 훈련받지 않은 성도는 하나님의 자녀일수는 있어도 하나님 나라의 군사가 되기는 어렵습니다.

이런 관점에서 우리교회의 비전은 '사람을 얻고, 견고히 세우며, 제자로 만들어 파송하는 교회'To win, to consolidate, to discipline and to send입니다. 또한 이러한 비전을 성취하기 위해 역동적인 예배, 사랑의 교제, 훈련된 제자, 헌신된 사역자, 전도와 선교, 다음세대라는 여섯 가지 목적을 세워 성도들을 양육하고 있습니다. 특히 '3333 프로젝트'라고 하여 3000명의 예배 공동체, 300명의 헌신된 사역자, 30개의 교회건축, 3개 대륙에 선교사 파송을 추진하고 있습니다.

교회가 성도를 체계적으로 양육하고 훈련하는 시스템을 갖추는 것은 중요합니다. 영적으로 잘 양육되어 성숙한 성도가 많고, 잘 훈련되어 영적 전투에서 승리할 수 있는 성도가 많아야 교회가 건강하고, 전도의 사명을 감당할 수 있기 때문입니다. 영적인 어린아이가 넘쳐나는 교회는 성장하는 교회라고 볼 수도 있지만 오랜 시간이 지나도 성도들의 영적 상태에 변화가 없다면 성장이 멈춰있는 교회일 수도 있습니다. 그것은 또한 어떤 면에서 성도들을 체계적으로 양육하고 훈련시키지 못한 교회와 목회자의 책임입니다.

우리교회의 양육 시스템은 크게 전도, 정착, 양육, 제자, 재생산이라는 다섯 단계로 이루어져 있습니다. 먼저 전도는 행복축제, 행복전도대, 하늘카페, 행복문화센터 사역이 있고, 정착을 위한 바나바 사역멘토링, 확신반, 알파코스 사역이 있습니다. 또 양육 과정으로 제자대학과 바나바 학교, 기도학교, 전도학교, 통通성경학교가 있고, 마지막으로 재생산 과정으로 리더십스쿨평생훈련원을 운영하고 있습니다.

각 과정을 좀 더 구체적으로 소개하자면 우선, 진관교회 행복전도대는 하루도 쉬지 않고 매일 전도하는 것으로 유명합니다. 행복전도대는 전도의 현장으로 나가기 전에 하나님께 '준비된 영혼'을 만나게 해달라고 기도하고, "전도는 나가는 것이 능력이다"라는 구호를 외치며 하루하루 힘차게 전도하고 있습니다.

우리교회는 전도를 핵심 사역으로 생각하고 있으며, 그 핵심에는 행복전도대가 있습니다. 행복전도대는 집중전도대수시전도대,문서전도대,1,2,3지구전도대, 불광지역전도대,교사전도대,청년전도대,봉고차전도대,전도도우미,수요새벽전도대,수요차전도대,교역자전도대,토요차전도대,클린전도대 등 15개의 전도대로 구성되어 있습니다.

새가족 정착과 전도 프로그램을 위해 우리교회에는 세 개의 중보기도대가 있습니다. 하나는 금요일에 모여 담임목사를 위해서 기도하는 레위 중보기도대이고, 또 하나는 매일 중보기도대로서 24-365를 목표로 오전 10시부터 저녁 9시 사이에 11명의 성도가 한 시간씩 시간을 나누어 중보기도 요청서에 적혀 있는 기도제목을 중심으로 매일 중보기도를 합니다. 이 11명의 중보기도자는 매일 다른 성도로 바뀝니다. 마지막으로 화요 중보기도대는 담임목사와 교회를 위해 집중적으로 기도합니다.

우리교회의 확신반은 교회에서 자체 제작한 교재『구원, 그 황홀한 기쁨』 이현식 목사 지음로 다양한 신앙 이력을 지닌 새가족과 초신자에게 기본적인 신학과 성경을 가르치고 있습니다. 확신반은 5주 동안 진행되는데, 우리교회 교인이라면 필수적으로 수료해야 하는 과정입니다. 그렇지 않으면 직분자가 될 수 없습니다.

우리교회는 전도와 양육을 위해 운영되는 제자대학과 아기학교 외에도 어머니 기도회를 운영하고 있는데, 어머니 기도회는 은평 뉴타운의 특성을 살려 젊은 어머니들을 대상으로 만들어졌습니다. 젊은 어머니들의 관심사인 육아에 관한 차별화 된 강의와 성경적인 양육법에 대한 강의로 구성된, 특수한 계층에게 다가가는 전도 프로그램입니다.

한편 지역사회에 사회적 기능을 담당하며 선교의 장을 여는 진관문화센터는 현재 미술교실, 기타교실, 컴퓨터교실, 스트레칭뿐 아니라 지역 동사무소와 연계하여 유아특성 문화센터키즈난타, 동화구연, 유아미술도 운영하고 있습니다. 같은 맥락에서 교회의 탁구 동아리와 축구 동아리를 활성화하여 지역 주민들과 교인들이 어우러지는 장으로 활용하고 있습니다.

교회의 양육과 훈련은 한 성도가 평생토록 성장할 수 있도록 일관성 있게 계획되고 진행되어야 합니다. 목회는 열매를 거두는 것도 중요하지만 씨앗을 뿌리는 것도 중요합니다. 성도를 잘 양육하고 훈련하는 것은 눈에 보이지 않는 것을 심는 사역입니다. 이 사역은 비록 바로 교회의 양적 성장으로 이어지지 않더라도 훗날 잘 훈련된 성도가 하나님 앞에 섰을 때 하나님께 큰 칭찬을 받을 사역입니다. 그래서 저는 양육과 훈련은 거두는 사역이 아니라 심는 사역이라고 생각합니다. 우리교회는 기도하면서 신중하게 한 성도가 평생 하나님 앞에서 성장할 수 있도록 양육 커리큘럼을 기획하고 있습니다.

이 커리큘럼은 한 성도가 하나님 안에서 '보내심'의 거듭남부터 하늘나라의 '부르심'까지 끊임없이 하나님을 알아가며 결국엔 하나님의 형상으로 회복되는 것이 목적입니다.

　대략적인 커리큘럼을 소개하자면 '진관아이행복통장'진관교회는 아이의 행복을 바라는 마음으로 아이의 이름으로 생애 첫 적금통장과 도장을 만들어 줍니다. 첫 달에 20만원을 교회에서 지원해 주고, 나머지는 각자의 상황에 따라 개월과 액수를 조절합니다.을 시작으로 영아기부터 하나님과의 신뢰를 쌓아가며, 걸음마를 배우듯 하나님과 친밀해지고아기학교, 학교에 입학하기 전에 하나님의 사랑과 훈계를 배웁니다. 초등학교에 들어가면서는 성경적 가치관을 배우고, 청소년기에는 그리스도인으로서의 정체성을 배웁니다. 또한 청년기에 이르면 좋은 멘토와 부모가 되도록 준비시키고, 중년에 접어들면 본격적으로 사회 속에서 그리스도인으로서의 영향력을 꽃피우도록 훈련합니다. 그리고 마지막으로 노년기에는 천국 소망을 가지고 끝까지 승리하는 인생을 살도록 돕습니다. 이렇게 교회는 성도를 응석받이 자녀가 아니라 장성한 자녀로, 세상 그리고 사탄과 싸워 이길 수 있는 군사로 양육시키고 훈련시킬 책임이 있습니다. 그럴 때 교회가 잃어버린 영혼을 찾아 하나님께로 돌아오게 하는 전도의 사명과 세상 가운데 하나님의 나라를 세워가는 소명을 넉넉하게 감당할 수 있을 것입니다.

"다함께 외쳐 봅시다! 전도하면 전도된다!"

전도 바로 알기 _{강의 14}

묵상말씀 그러므로 믿음은 들음에서 나며 들음은 그리스도의 말씀으로 말미암았느니라_롬 10:17

하나님의 말씀을 듣는 자세

1. _____으로만 받지 말자.

   ■ 고전 8:1

2. _____함으로 받자.

   ■ 잠 18:12

3. 말씀을 _____

   ■ 겔 2:8–9

   ■ 겔 3:1–3

4. 데살로니가 교인처럼

   ■ 살전 2:13

5. 고넬료처럼

   ① _____자세 – 행 10:24

   ② 말씀의 사자를 _____ – 행 10:25

   ③ _____로서의 설교자 – 행 10:33

   ④ 그 결과 – _____ – 행 10:44–45

6. 이스라엘 백성처럼

① 적극적인 _____ – 느 8:3

② 말씀에 대한 _____ – 느 8:5

③ 열정적인 _____ – 느 8:6

④ 자신에게 _____ – 느 8:9

말씀을 잘 듣게 될 때

1. _____성장 - 롬 10:17

2. _____의 삶 - 히 4:12

3. _____의 역사 - 겔 37:4

4. 범죄의 예방 - 시 119:11

5. 행복한 인생 - 시 119:105

나 눔

❶ 14장의 글과 강의를 읽으면서 전도에 대한 생각이나 관점이 바뀐 점이 있다면 나누어 봅시다.

❷ 배우고 느낀 점을 어떻게 실제 전도에 적용할 것인지 나누어 봅시다.

❸ 지금 복음을 들어야 할 사람이 떠오른다면 그 사람을 위해서 기도합시다.

15

이런 교회가 되게 하소서

1967년 11월 12일, 故유증서 목사님과 19명의 교인으로 출발한 진관감리교회는 은평 뉴타운에서 창립 47주년을 맞았습니다. 격동의 민족사 속에서 지난 반세기 동안 우리교회를 지키시고 인도해 오신 하나님의 은혜에 놀랍고 감사할 뿐입니다.

세상은 따라가기 버거울 정도로 빨리 변하고 있고, 과거에 우리가 알던 개념들도 세상의 변화에 따라 달라지고 있습니다. 예를 들어 옛날에는 시장에 가서 물건을 직접 보고, 만지고 비교해 본 다음 구매했다면 오늘날에는 인터넷이나 TV를 통해 집에 가만히 앉아서 물건을 구매할 수 있게 되었습니다. 그래서 이제는 '시장'을 우리가 예전에 알던 개념으로만 생각한다면 소통에 큰 오류가 생기게 됩니다. 그러나 이렇게 빠르게 변화하는 세상 속에서도 절대로 변하지 않는 것이 있는데, 그것은 바로 하나님의 말씀입니다.

풀은 마르고 꽃은 시드나 우리 하나님의 말씀은 영원히 서리라 하라

사 40:8

하나님의 말씀은 어제나 오늘이나 영원토록 동일한 생명의 말씀입니다. 저는 세대가 아무리 바뀌어도 변치 않는 진리인 하나님의 말씀 속에서 우리 시대의 교회가 나아갈 길을 찾아야 한다고 생각합니다. 과연 성경이 가리키는 건강한 교회, 신령한 교회란 어떤 모습일까요? 그 해답은 사도행전에 나오는 초대교회의 모습에서 찾아 볼 수 있습니다. 즉 당시의 예루살렘 교회와 안디옥 교회의 모습을 살펴보면 오늘날의 교회가 나아갈 길을 발견할 수 있을 것입니다.

1. 초대교회는 예배가 살아있는 교회였습니다.

날마다 마음을 같이하여 성전에 모이기를 힘쓰고 행 2:46상

초대교회 성도들은 성전에 모이는 일에 열심이었습니다. 말세의 징조 중 하나는 성도들이 교회에 모이는 것을 소홀히 여기게 되는 것입니다. 유럽과 서구의 많은 교회들이 몰락한 원인도 바로 모이기를 폐하는 습관 때문이었습니다. 성도들이 교회에 모이지 않은 결과로 예배가 약해졌고, 예배가 약해진 결과 성도들의 신앙도 약해지는 악순환이 생기게 된 것입니다. 그러므로 건강한 교회는 모이기에 힘쓰는 교회입니다. 사도행전 2장 47절을 보면 초대교회 성도들은 성전에 모여 하나님을 찬양하고 예배하는 일에 온힘을 다했습니다.

특히 사도행전 13장 2절을 보면 "주를 섬겨 금식할 때에"라는 말이 나옵니다. 여기서 '섬긴다'라는 말은 NIV 성경에서 'worshiping' 즉 '예배를 드리는 것'으로 번역되어 있습니다. 다시 말해 초대교회 성도들은 그냥 예배를 드린 것이 아니라 금식하며 예배를 드렸다는 것입니다. 금식하며 예배를 드렸다는 것은 '예배에 목숨을 걸었다'는 뜻입니다.

그들은 은혜를 받기 위해, 말씀을 듣기 위해, 하나님의 뜻을 분별하기 위해 금식하며 예배를 드렸습니다. 한번 예배를 드리더라도 최선을 다한 최고의 예배를 드린 것입니다. 이렇게 예배할 때, 그들은 예배 중에 말씀하시는 성령님의 음성을 들을 수 있었습니다.

> 주를 섬겨 금식할 때에 성령이 이르시되 내가 불러 시키는 일을 위하
> 여 바나바와 사울을 따로 세우라 하시니 행 13:2

최선을 다하여 예배를 드리면 살아계신 하나님의 음성을 들을 수 있습니다. 또한 목숨을 걸고 예배에 집중하면 성령님의 인도하심을 받을 수 있습니다. 하나님께서는 최선을 다하여 예배하는 사람을 결코 빈손으로 돌려보내지 않으신다는 사실을 기억하십시오.

사도행전 8장을 보면, 하나님께 예배하기 위해 에디오피아에서부터 멀리 예루살렘까지 찾아왔던 에디오피아 내시를 빈손으로 돌려보내지 않으신 것을 볼 수 있습니다. 하나님은 신실한 예배자였던 에디오피아 내시 한 사람을 위해 사마리아에서 열심히 사역하던 빌립 집사를 보내어 그의 영적 갈증을 채워 주셨습니다.

예루살렘으로부터 핍박을 피해 온 사람들이 세운 안디옥 교회가 '그리스도인'이라는 호칭을 얻을 만큼 세상에 영향력을 발휘하는 건강한 교회가 될 수 있었던 비결은 온 교회와 성도가 예배에 목숨을 걸었기 때문입니다.

예배에 최선을 다하므로 그들은 예배 중에 거하시는 하나님을 만났고, 시편에서 다윗이 고백했던 것처럼 하나님의 만져주심을 경험했으며 사도행전 1장 8절 말씀을 성취하는 강력한 교회가 될 수 있었습니다.

예배는 이처럼 은혜의 통로입니다. 우리는 예배를 통해 한없는 하나님의 위로를 경험할 수 있습니다. 무기력하게 쓰러져 가던 사람이 하나님의 능력을 체험하는 것도, 아무 희망 없이 살던 사람이 소망을 발견하는 것도 예배를 통해서 가능합니다. 또한 세상에서 선한 영향력을 끼치는 그리스도인으로 살아내는 것도 예배를 통해서만 가능합니다.

그러므로 오늘날 힘을 잃은 교회가 초대교회와 같은 영적 능력을 회복하기 원한다면 우선 예배의 능력부터 회복해야 할 것입니다.

2. 초대교회는 하나님의 말씀이 살아있는 교회였습니다.

그들이 사도의 가르침을 받아 서로 교제하고 떡을 떼며 오로지 기도하기를 힘쓰니라 행 2:42

초대교회 성도의 삶과 생활은 말씀의 가르침과 생동감 있게 연결되어 있었습니다. 말씀을 들을 뿐 아니라 그 말씀대로 세상 속에서 살아냈기 때문입니다.

건강한 교회의 건강한 성도는 하나님의 말씀과 함께 호흡하며 살아가는 사람입니다. 말씀 듣기를 사모하며 기다리고 생명의 양식인 말씀을 주실 때 기쁘게 받아먹어야 합니다.

성경이 단순히 책이라면 굳이 10번, 100번 같은 내용을 읽을 필요가 없을 것입니다. 그러나 성경 말씀은 하나님의 말씀이자 생명의 양식 곧 밥입니다. 오늘 밥을 먹었다고 해서 내일 밥을 굶는 사람은 아무도 없을 것입니다. 마찬가지로 성경 말씀은 우리 영혼의 밥이기 때문에 매일 먹어야 하는 것입니다. 그렇지 않으면 우리 영혼에 이상이 생깁니다.

디모데후서 3장 16절을 보면 교훈, 책망, 바르게 함, 의로 교육함이라는 성경의 네 가지 기능이 나옵니다. 또한 사도행전 11장 26절을 보면 "제자들이 안디옥에서 비로소 그리스도인이라 일컬음을 받게 되었더라."고 기록되어 있습니다. 이것은 성경의 네 가지 기능이 삶에 골고루 적용된 결과입니다. 이처럼 말씀을 받은 후 그 말씀대로 살면 세상 사람들로부터 인정을 받게 되어 있습니다. 말씀대로 회개하고 말하고 행동하며 말씀을 생활화하면 세상 사람들이 '진짜 예수 믿는 사람은 저런 사람이구나'하고 알게 됩니다. 세상에서 그리스도인으로서 인정받고 칭찬받는 성도가 넘치는 교회는 진정 복음 증거의 토양을 다지는 건강한 교회일 것입니다.

3. 초대교회는 사랑이 넘치는 교회였습니다.

초대교회는 하나님이 주신 사랑을 나누는 사랑의 공동체였습니다. 사도행전 2장 44-46절을 보면 초대교회 성도들은 내 것을 주장하지 않고 서로 적극적으로 나누었습니다. 사도행전 13장 1절에서 보듯이 교회는 여러 다양한 계층의 사람들이 하나 되어 완전히 새로운 공동체를 이 땅에 이루어냈습니다. 그들은 서로 이해하고, 배려하고, 칭찬하고, 축복하는 사랑의 공동체였습니다.

우리교회는 지난 2010년 1월 지금의 예배당을 건축하여 입당예배를 드린 이후, 1200명이 넘는 새가족이 들어왔습니다. 교회가 새가족으로 넘쳐나면서 가장 많이 듣는 질문은 '기존 교인들과 새로 들어온 교인들 간에 갈등이 없느냐?'는 것이었습니다. 대부분의 교회가 성장하는 과정에서 신·구교인 간의 갈등을 겪기 때문입니다. 제가 우리교회 성도들을 자랑스럽게 생각하고, 감사하게 여기는 것은 기존 교인들의 텃새가 없다는 점입니다. 오히려 기존 교인이 새로 들어온 교인에게 자기가 앉던 자리를 내어 주고, 낯설지 않도록 먼저 다가가서 맞이하는 모습을 보면 얼마나 감사한지 모릅니다. 성령이 충만한 교회는 절대로 배타적이지 않습니다. '끼리끼리'라는 말은 있을 수 없는 말입니다. 누구라도 환영하고 품어주는 열린 교회가 세상이 기대하는 교회의 모습일 것입니다.

4. 초대교회는 전도와 선교의 영역을 넓혀가는 교회였습니다.

사도행전 2장 47절을 보면 예루살렘 교회가 지역 사람들로부터 칭송을 받으며 구원받는 사람의 수가 더해 갔다고 말하고 있습니다. 120여 명으로 출발한 교회는 하루에 3천 명, 5천 명씩 믿는 사람의 수가 더해지면서 놀라운 부흥을 이루었습니다. 그러나 이런 예루살렘 교회에도 한 가지 문제가 있었는데, 그것은 예루살렘 교회의 성도들이 유대주의적 선민의식에 사로잡혀 예루살렘 지역의 유대인에게만 복음을 증거한 것입니다. 이에 하나님은 예루살렘 교회에 큰 박해를 허락하심으로 성도들을 흩어 이방 지역인 안디옥에 교회를 세우셨고, 안디옥 교회를 통해 비로소 하나님이 교회를 세우신 목적대로 세계 열방을 향한 선교가 시작되었습니다.

초대교회는 하나님의 주도로 예루살렘으로부터 시작해서 점점 선교의 영역을 넓혀 나갔습니다. 그리고 마침내 당시 세계의 중심이던 로마에까지 복음을 전하게 되었습니다. 하나님은 전도와 선교에 힘쓰는 교회와 성도를 축복하십니다. 그것이 하나님이 가장 기뻐하시는 일이기 때문입니다. 또한 주님은 친히 이렇게 말씀하셨습니다.

인자가 온 것은 잃어버린 자를 찾아 구원하려 함이니라 눅 19:10

우리가 다른 가까운 마을들로 가자 거기서도 전도하리니 내가 이를 위하여 왔노라 하시고 막1:38

교회는 그리스도의 몸입니다. 주님은 몸 된 교회를 통해 잃어버린 영혼을 찾아 구원하는 일을 지금도 계속하고 계십니다. 그러므로 전도와 영혼구원은 교회의 주된 사명이지 선택사항이 아닙니다. 오늘날 많은 교회가 전도를 등한시하는 것을 보면 안타까울 때가 많습니다. 우리는 전도하지 않는 교회는 성경적이지 않다는 사실을 명심하고 주님이 오시는 날까지 전도하는 교회가 되어야 합니다.

전도 바로 알기 강의 15

묵상말씀 하나님은 영이시니 예배하는 자가 영과 진리로 예배할지니라_요 4:24

시편 122편을 통해 본 예배의 자세

1. _____의 예배

   ■ 시 122:1

   ■ _____의 기쁨에서 _____의 기쁨으로!

   ■ 눅 10:17-20

2. _____의 예배

   ■ 시 122:4

3. 하나님 _____에서의 예배

   ■ 시 122:5

4. _____예배와 _____하시는 예배

   ■ 창 4:4-5

예배를 방해하는 사탄의 전략

1. _____

   ■ 출 8:25

2. _____
   - 출 8:28

3. _____
   - 출 10:11

4. _____
   - 출 10:24

예배의 실제

1. 예배는 _____이다.

2. 예배는 _____이다.
   - 사 6:1–8
   - 하나님과의 만남, 자신과의 만남, 이웃과의 만남

나 눔

❶ 15장의 글과 강의를 읽으면서 전도에 대한 생각이나 관점이 바뀐 점이 있다
  면 나누어 봅시다.

❷ 배우고 느낀 점을 어떻게 실제 전도에 적용할 것인지 나누어 봅시다.

❸ 지금 복음을 들어야 할 사람이 떠오른다면 그 사람을 위해서 기도합시다.

어머, 사모님이셨어요?

신미자 사모

고등학교 2학년 때 부흥회에 참석을 했다가 부흥강사 목사님이 예수님의 성육신에 대해서 설교하시는 것을 듣게 되었습니다. 설교의 주제는 '우리에게로 다가오시는 주님'이었습니다. 2천 년 전 예수님께서 하늘 보좌를 버리시고 낮고 천한 우리를 찾아오셨고, 이 땅에 사시던 33년 동안 끊임없이 사람들에게로 다가가셨으며 오늘 우리도 먼저 다가오신 예수님을 통해 구원을 받았다는 내용이었습니다. 그날 설교의 결론은 이제 우리도 예수님의 마음을 품고, 세상 사람들에게 가까이 다가가라는 것이었습니다. 그날 말씀을 통해 큰 은혜를 받은 저는 하나님의 손길 가운데 복음을 들고 세상 사람들에게 다가가는 삶을 살겠다고 결심했습니다.

1987년에 저는 목회자와의 결혼을 통해 사모가 되었습니다. 목사의 아내로 살아오면서 늘 다짐하는 것은, 예수님이 저의 삶속으로 먼저 다가오셨듯이 저도 사람들이 다가오기를 기다리지 말고 먼저 다가가자는 것이었습니다.

첫 목회지인 상천교회는 마을 전체 가구 수가 70호 정도밖에 안 되는 작은 마을이었습니다. 그때 저는 큰 아이를 임신했음에도 불구하고 부지런히 사람들을 찾아다녔습니다. "아주머니, 저 마실 왔어요." 하며 이 집 저 집 찾아 다니면서 먼저 그들에게 다가갔습니다.

그 후 남편은 중소도시에 있는 교회의 부목사로 부임하게 되었습니다. 며칠 뒤, 담임목사님께서는 우리 부부를 앉혀 놓고 "부목사 사모도 사모니까 교회의 모든 일에 열심을 내야한다."고 말씀하셨습니다. 그때부터 남편이 가는 곳에는 항상 함께 가는 것이 공식적으로 허락되었고, 대심방을 비롯하여 일반 심방, 전도 등에 참여하면서 수없이 많은 사람을 찾아가서 만나게 되었습니다. 그때 30세가 채 되지 않은 저는 물 만난 물고기처럼 신나게 살았는데 몸은 좀 고달팠지만 사람에게 다가가는 것이 매우 행복했습니다.

현재는 남편이 성도의 수가 천 명이 넘는 진관감리교회에서 목회를 하고 있습니다. 얼마 전, 저의 성격을 잘 알고 있는 친구로부터 "이젠 큰 교회의 사모가 되었으니 좀 우아하게 품위를 지키고 가만히 자리에 앉아 있으라."는 권면을 받았습니다. 하지만 언제나 누구에게든지 먼저 다가가서 인사하고, 먼저 말을 거는 습관은 어느새 체질이 되었는지 쉽게 고쳐지지 않았습니다.

지금 우리교회는 새가족이 등록을 하면 담임목사님이 새가족과 연관이 있는 사람들 예컨대 전도자, 바나바, 선교회장, 속장, 그리고 저와 심방 전도사를 데리고 새가족 심방을 합니다. 예배를 드리기 전 대화의 시간을 가지면서 담임목사님이 심방에 동행한 사람들을 새가족에게 소개하자 한 새가족이 눈을 크게 뜨면서 이렇게 말했습니다.

"아, 사모님이셨어요? 저는 사모님이 심방 전도사님이거나 친절한 권사님이라고 생각했었어요."

이런 경우가 종종 일어나자 언젠가부터 남편이 저를 소개할 때면 "이 사람은 제 아내입니다."라고 말합니다.

"아, 사모님이셨어요?"라고 말하며 행복해하는 새가족들의 표정을 보면서 39년 전 부흥회 설교 시간을 떠올렸습니다. 저에게 먼저 사랑으로 다가오신 예수님을 만나 한없이 기뻐하고 감격했던 제 모습을 떠올리며 그런 기쁨을 계속해서 다른 누군가에게 전해주고 싶다는 생각을 했습니다.

목회자의 아내로 23년을 살아온 저는, 39년 전 주님이 저에게 먼저 다가오셔서 만나주시고, 안아주시고, 환하게 웃어주셨듯이 우리교회에 보내 주신 새가족들에게 먼저 다가가고, 손을 내밀고, 밝게 웃으며 대합니다.

요즘 저는 우리교회에서 '컴퓨터 머리'라고 불립니다. 우리교회는 지난 2-3년 사이에 3배 이상 성장했기 때문에 갑자기 늘어난 모든 교인의 이름을 외우는 것은 쉬운 일이 아닌데도 집사, 권사님들뿐만 아니라 그 자녀의 이름까지도 일일이 기억하고 있기 때문입니다.

머리가 그렇게 좋은 편이 아님에도 1,500명에 달하는 교인의 이름을 다 외울 수 있었던 비결은 시간만 나면 성도들에게 다가가기 때문입니다. 어디서든 눈에 보이면 먼저 다가가고, 눈에 보이지 않으면 기도하는 중에 다가가고, 자투리 시간이 나면 카카오톡 등 스마트폰을 통해서 다가갑니다. 가까이 다가가면 그들의 삶이 보이고, 애환이 보이고, 기도제목이 보입니다. 그들의 아픔을 함께 아파하고, 함께 기도하다 보면 저도 모르는 사이에 그들의 소중한 이름이 제 마음에 새겨집니다.

얼마 전, 어느 모임에 갔다가 21세기 목회는 오기를 기다리는 '오는 구조'가 아니라 '가는 구조'가 되어야 한다고 들었습니다. 그러므로 먼저 다가가는 것이 바로 목회자 아내가 해야 할 일입니다.

오늘 저는 우리교회의 어르신들과 함께 효도관광을 다녀왔습니다. 출발하기 전에 남편은 "오늘 당신은 나를 대신해서 가는 것이니까 품위를 지키며 가만히 있으라."고 말했지만, 저는 오늘도 80여 명의 어르신 속으로 들어가서 그들과 함께 웃고, 힘껏 껴안고, 그들 앞에서 어린아이처럼 어리광을 부리다가 돌아왔습니다. 저는 누가 뭐라 해도 사람들이 좋고, 사람들 속으로 다가가서 그들과 함께하는 것이 좋습니다.

낯선 교회의 어색함 속에서 예배하는 자신에게 먼저 다가와서 함박웃음으로 맞아주고 손을 잡아 준 사람이 바로 담임목사의 아내였다는 사실을 알게 된 새가족이 "아, 사모님이셨어요?"하며 몹시 기뻐하는 모습을 남편의 목회가 끝나는 날까지 계속해서 보고 싶습니다.

내 짝꿍 바나바

김은주 집사

저는 믿지 않는 가정에서 태어났지만 어려서부터 교회를 다녔고 고등학교 때 예수님을 영접한 후로는 교회를 중심으로 살아왔습니다. 저는 한때 복음의 감격과 열정을 가지고 열심히 전도를 했었습니다. 그러나 지나치게 전도의 열매만 강조하던 교회에 지쳐 예배생활마저 흔들리는 지경에 이르렀습니다. 그즈음 저는 갑자기 이곳 뉴타운 아파트를 분양받아 이사를 오게 되었습니다.

이전 교회의 지나친 훈련과 갑작스러운 넷째 아이의 임신과 출산으로 인해 저는 많이 지친 상태였습니다. 심신이 지쳐있는 상태에서 어느 교회로 가야 할 지도 막막했기에 저는 하나님께 다정하고 친밀한 교회, 웃으며 행복하게 신앙생활을 할 수 있는 교회로 인도해 달라고 기도했습니다.

그러던 중 안지혜라는 성도님을 알게 되었는데, 그분은 늘 신앙생활이 즐겁고 행복해 보였습니다. 저는 그분이 다니는 교회가 궁금해서 그 교회에서 운행하는 문화센터에 등록하게 되었는데 거기에서 좋은 선생님(임경민 집사님)과 또래 성주엄마(이미영 집사님)를 알게 되면서 속회 예배에도 참석하게 되었습니다.

진관교회를 다니기 시작하면서 오미정 집사님이라는 분을 알게 되었는데, 그분이 자신의 바나바를 섬기는 모습을 보며 저는 큰 도전을 받았습니다. 평상시에는 다소 냉정해 보이던 오 집사님이 자신의 바나바를 섬길 때는 너무나 상냥했으며, 점심시간에는 자신의 바나바 옆에 꼭 붙어 앉아 이런저런 이야기를 나누며 함께 차를 마시는 것을 보고 참으로 신기하고 놀라웠습니다. 이러한 집사님의 섬김으로 인해 그 새가족은 즐겁게 교회생활에 적응하였고 나중에는 알파사역까지 감당하는 교회의 일꾼이 되었습니다. 이 모든 과정이 저에게는 신선한 충격이었습니다.

그래서 저도 바나바가 되어 새가족을 맡아 섬기게 되었습니다. 이소영 집사님! 이분은 우리교회에 나오시기 전에 다른 교회에서 주일학교 선생님으로 열심히 봉사하셨던 분으로 유쾌한 성격을 지닌 분이셨습니다. 저는 교육받은 바나바 사역 매뉴얼대로 그분에게 평일에도 자주 전화를 드리고, 가끔 만나 교제도 나누었습니다. 마침 우리는 동갑이었고 아이들도 같은 학교여서 이야기 거리가 많았습니다. 또한 나중에는 집사님과 같은 속회가 되어 끈끈한 교제를 계속 이어갈 수 있게 되었습니다. 집사님이 교회에 잘 적응하여 다른 성도들과도 잘 어울리는 모습을 지켜보면서 다른 사람을 도울 수 있고, 기도해 줄 수 있고, 마음껏 축복할 수 있는 바나바라는 섬김의 자리를 주신 하나님께 감사했습니다. 더불어 한 사람의 새가족이 교회에 제대로 정착하기까지 얼마나 많은 분의 수고와 배려가 필요한지도 알게 되었습니다. 끝으로 이러한 행복을 맛보게 해준 진관교회, 진심으로 고맙습니다.

내게 꼭 맞춘 알파코스

지희정 집사

저는 모태신앙으로 어릴 적부터 습관적인 신앙생활을 해왔습니다. 하나님의 사랑이나 부활하신 예수님에 대해 의심한 적은 없었지만 예수님의 고난이나 하나님의 사랑에 대해 특별한 감동 역시 없었습니다. 그저 아쉽고 어려운 일이 있을 때만 기도하는 정도의 신앙생활을 아무런 불편 없이 유지하고 있었습니다.

그렇게 주일날 혼자 예배만 드리고 오는 신앙생활을 하다가 뭔가 변화가 필요하다고 느끼는 시점에 알파코스에 대한 목사님의 말씀을 듣게 되었고, 하나님이 저에게 주시는 기회일지도 모른다는 생각에 신청을 하게 되었습니다.

알파코스에서는 맛있는 식사와 웃음을 나누는 담소, 기독교 신앙에 대한 실제적이고 구체적인 자기성찰과 토론, 신앙의 이정표와 지침을 주는 조언과 담론까지 소그룹에서 자유롭게 나눌 수 있었습니다. 또한 알파코스에 들어서는 순간부터 나가는 순간까지 우리를 섬기며 대접하는 스텝 덕에 교회로부터 뭔가 최고의 대접을 받는 기분이 들었는데 섬기는 스텝 역시 지난 알파코스를 통해 은혜를 받아 봉사하는 분들이라는 사실을 알고 마음속으로 깊은 감동을 받았습니다. 그들의 섬기는 모습이 너무나 행복해 보였기 때문입니다.

그리고 무엇보다 은혜롭고 좋았던 시간은 대화시간이었습니다.

예전에 알던 성경은 말씀에 대한 간절함 없이 대충 주워들은 이야기가 전부였는데, 알파코스에서는 성경 말씀을 통해 제가 오랫동안 해결하지 못했던 신앙적인 의문과 문제를 해결해 주었습니다. 예를 들어 어떻게 구원을 확신하게 되는지, 어떻게 하나님의 음성을 들을 수 있는지, 성경은 어떻게, 왜 읽어야 하는지, 기도는 어떻게 드려야 하는지 등 신앙의 기초가 되는 질문에 대한 해답을 찾을 수 있어 감사했습니다. 또한 깨닫게 된 진리를 확신하고 체험하게 하는 성령수양회는 정말 뜨거웠습니다. 알파코스를 함께 들은 성도들과 부둥켜안고 서로를 위해 기도하면서 그곳에 함께하시는 성령님을 체험할 수 있었습니다. 뿐만 아니라 알파코스의 소그룹에서 나눈 서로의 간증과 삶은 저에게 큰 도전을 주었습니다.

알파코스를 마치며 저도 섬김을 통해 은혜를 나누는 알파코스의 스텝이 되어야겠다고 다짐하게 되었고, 아버지를 초청만찬자로 초대하여 동일한 은혜를 받고자 소망하게 되었습니다.

신앙생활의 큰 전환점이 된 알파코스를 통해 저는 하나님의 사랑의 깊이를 깨닫게 되었고 그동안 하나님 앞에서 교만했던 저의 모습을 회개하게 되었습니다. 지금까지의 삶이 저와 제 가정만을 위한 삶이었다면 이제부터는 이 땅이 아니라 하늘의 소망을 바라보며 말씀을 가까이 하면서 주님께 칭찬받는 삶을 살고 싶습니다.

　　마지막으로 모태신앙으로 형식적인 종교인의 삶을 살던 저에게 참 그리스도인의 삶이 무엇인지를 깨닫고 체험하게 해준 알파코스를 다른 사람에게도 진심으로 추천하고 싶습니다.

나를 붙잡아준 알파코스

장용금 집사

저는 결혼해서 첫 아이를 낳고부터 교회를 다니게 되었지만 교회생활에 잘 적응하지 못하여 늘 주변인처럼 주위를 맴돌기만 했습니다. 그러던 중 지금으로부터 10년 전쯤에 지방에서 잠깐 살게 되었는데 그때 위층에 살던 이웃의 인도로 새로운 교회에 등록하게 되었습니다. 그런데 그 교회에서의 신앙생활은 기대 이상의 은혜가 있었습니다. 설교말씀을 들으면 눈물이 났고, 하나님께 회개하는 마음과 감사하는 마음이 들었습니다. 구역예배를 드리고 성도들과 교제를 나누는 것도 즐거웠고, 성가대원으로 헌신하는 것도 행복했습니다. 그 3년여의 시간이 제게는 믿음의 뿌리를 굳건하게 다지는 중요한 시기였습니다. 그때 저의 신앙생활은 첫사랑의 설렘같이 달콤하고 뜨거웠습니다. 그렇게 3년 동안 남편과 큰딸아이와 함께 예쁘게 신앙생활을 하던 저는 3년 후 다시 서울로 이사를 오면서 집 근처의 감리교회에 등록을 하게 되었습니다. 그런데 예상외로 새로 등록한 교회에서 적응하는 일은 너무 힘들었습니다. 교회의 모든 면이 자꾸만 예전 교회와 비교되었기 때문입니다. 마음을 잡지 못하고 방황하던 저는 갓 시집온 신부가 친정집을 그리워하는 마음으로 어려운 일이 생겨도 지방에 사는 예전 교회 집사님들에게 전화하고, 축하받을 일이 있어도 그분들과 나누는 생활을 했습니다. 당연히 새로운 교회에서의 신앙생활은 뿌리를 내릴 수 없었습니다. 몇 년 간을 그렇게 지내던 어느 날, 기도를 하는데 하나님께서 '네가 변해야 한다. 교회 안으로 깊숙이 들어가라'는 마음을 분명하게 주셨습니다. 그래서 저는 마음을 고쳐먹기로 결심했습니다. 이리저리 핑계를 대며 빠지던 속회예배를 다시 드리고, 성가대로 헌신하고, 영어예배 교사로 봉사도 하면서 교회 속으로 깊이 들어가게 되었고, 그렇게 저의 태도가 바뀌자 예배도 다시 감사와 찬양이 흘러넘치게 되었습니다. 그리고 한동안 느끼지 못했던 성령충만도 다시 경험하게 되었습니다. 뿐만 아니라 시들었던 믿음의 나무에 새 생명이 움트기 시작하니 제 노력, 열정만으로 해결되지 않던 일들이 주님의 도우심으로 형통케 되는 은혜도 경험하게 되었습니다.

그런데 이렇게 신앙이 회복되던 시점에 은평 뉴타운으로 이사를 가게 되었습니다. 이사를 결정하면서 가장 걱정이 되는 것은 교회문제였습니다. 그래서 저는 우리 가족을 위해 예비하신 교회로 인도해 달라고 많은 기도를 드렸습니다. 그리고 감사하게도 이곳 진관교회로 인도하심을 받았습니다.

과거에 이사로 인해 교회를 옮기면서 시행착오를 겪었던지라 똑같은 실수를 저지르지 않기 위해 저는 새로 등록한 교회에서 목사님이 권유하시는 것은 무엇이든 열심히 참여하겠다는 나름의 원칙을 세웠습니다. 그런데 마침 그때 목사님께서 알파코스를 추천해 주셨고, 저는 아무 망설임 없이 바로 신청을 했습니다. 시작할 때는 길게 느껴졌던 12주의 기간이 생각보다 짧게 느껴졌습니다. 정성 가득한 저녁 식사는 예술 그 자체였고, 찬양과 담소 시간은 행복했으며, 목사님의 말씀을 통해 간과하고 있었던 가장 기초적인 진리를 되짚어 볼 수 있었습니다. 예수님과의 관계, 죄의 문제, 믿음, 성경, 기도 등에 대해 기초부터 새롭게 배움으로 신앙의 기초를 바로 세우고 마음에 새기면서 앞으로 어떻게 살아야 할지와 인생에서 진정 중요한 것은 무엇인지를 깨달을 수 있었습니다. 무엇보다 감사했던 것은 나름대로 남보다 치열하게 살고 있다고 자부하면서도 순간순간 공허하고 죽음에 대해 불안했었는데 알파코스에 참여하면서 그 공허함과 두려움의 굴레에서 완전히 벗어나 자유롭게 되었습니다.

더불어 1박2일 간의 성령수양회에서 서로 부둥켜안고 뜨겁게 축복했던 순간, 세족식에서 목사님의 축복기도를 통해 예수님의 사랑을 느꼈던 순간 그리고 조별 교제의 시간을 통해서 울고 웃으며 성도들과 가족처럼 진한 사랑을 나누었던 순간은 알파코스가 가진 힘을 실감하게 했습니다.

저는 알파코스를 통해서 진관감리교회가 전혀 낯설지 않게 되었습니다. 오히려 처음부터 우리교회였던 것처럼 '내가 도울 수 있는 일은 무엇일까'를 놓고 고민하게 되었습니다. 그런 제 모습이 너무 신기하고 감사할 따름입니다. 마지막으로 토요일 저녁이라는 귀한 시간을 내어 우리를 섬겨 주신 알파코스 스텝들에게 감사와 존경의 마음을 전하고 싶습니다.

부록

전도 바로 알기 정답

한 사람 전도하기

1. 기도, 관계, 작정, 기도, 관계

4. ① 안드레 ② 시몬 ③ 빌립 ④ 나다니엘

왜 전도해야만 하는가?

1. 마음 2. 축복

전도자에게 약속된 7가지의 복

① 기적 ② 건강, 긍정 ③ 부흥 ④ 근원 ⑤ 기뻐하는 ⑦ 스타

전도란?

1. 전파하는 2. 말하는 3. 알려 주는 5. 교회 6. 인도하는

복음의 4대 골격

1. 축복, 풍성 2. 범죄, 사망 3. 예수그리스도 4. 영접

핵심내용

1. 축복 2. 범죄 3. 십자가 4. 영접

2. ① 현장 ② 예수 그리스도

3. ① 예비해 ② 갈급한 ③ 일꾼
5. ① 담대함 ② 문 ③ 열정 ④ 만남 ⑤ 사탄 결박
6. ① 구원 ② 성령 동행 ③ 사죄 ④ 기도 응답 ⑤ 승리

강의 8

한 사람 구원을 위한 네 개의 다리 건너기

1. ① 기도
2. 원죄와 자범죄 3. ① 말 ② 몸 ③ 교회

강의 9

네 개의 끈이 건강한 교회

1. 영적 소통 2. 가르침, 순종 3. 사랑 4. 전도와 봉사

두 개의 구조가 건강한 교회

1. 모이는 교회 2. 흩어지는 교회(전도, 선교, 봉사, 나눔)

강의 10

성령에 대한 4가지 명령

1. 근심케 ① 지 · 정 · 의를 가진 인격이시다.
      ② 우리와 교제하기 원하신다.
2. 소멸하지 3. 인도를 받으라 4. 충만을

성령의 사람으로 살기 위해

1. 말씀 2. 장소 3. 기도

강의 11

전도와 기도

1. 마음, 순종, 역사 2. 강청 3. 중보 4. 살인자, 전도자 5. 지역 6. 마음

강의 12

성경속의 바나바

1. 바나바의 인격

① 위로, 격려 ② 착한 일 ③ 화목 ④ 판단 ⑤ 행동 ⑥ 인정

⑦ 함께 ⑧ 용납

2. 바나바의 신앙

① 능력 ② 믿음 ③ 기도 ④ 순종 ⑤ 헌신 ⑥ 성경

강의 13

복음의 기초 세우기

2. 선악과 3. 파기 4. 범죄

5. ① 종교적 노력 ② 자비, 양선 ③ 무신론, 니체 ④ 율법준수

⑤ 미신과 우상숭배

6. 피의 언약

멈출 수 없는 사명,
전도

초판 1쇄 발행 | 2015년 5월 1일
초판 3쇄 발행 | 2015년 10월 1일

발행인 | 이영훈
지은이 | 이현식
펴낸곳 | 교회성장연구소
주　간 | 김호성
편집인 | 김형근
기획 및 편집 | 이강임 · 최윤선
디자인 | 김한희
마케팅 | 김미현 · 문기현
쇼핑몰 | 이기쁨 · 김수정

등록번호 | 제12-177호
주　소 | 서울특별시 영등포구 여의공원로 101번지 CCMM빌딩 7층 703B호
전　화 | 02-2036-7935
팩　스 | 02-2036-7910
웹사이트 | www.pastor21.net

ISBN 978-89-8304-240-8　03230

"무슨 일을 하든지 마음을 다하여 주께 하듯 하라" (골 3:23) _____

교회성장연구소는 한국 모든 교회가 건강한 교회성장을 이루어 하나님 나라에 영광을 돌리는 일꾼으로 성장하는 것을 목표로, 목회자의 사역은 물론 성도들의 영적 성장을 도울 수 있는 필독서들을 출간하고 있다. 주를 섬기는 사명감을 바탕으로 모든 사역의 시작과 끝을 기도로 임하며 사람 중심이 아닌 하나님 중심으로 경영한다. 또한, "무슨 일을 하든지 마음을 다하여 주께 하듯 하라"는 말씀을 늘 마음에 새겨 하나님께서 주신 사명을 기쁨으로 감당하고 있다.